Jean Laplanche
Nachträglichkeit

AF536006

Das Anliegen der Buchreihe BIBLIOTHEK DER PSYCHOANALYSE besteht darin, ein Forum der Auseinandersetzung zu schaffen, das der Psychoanalyse als Grundlagenwissenschaft, als Human- und Kulturwissenschaft sowie als klinische Theorie und Praxis neue Impulse verleiht. Die verschiedenen Strömungen innerhalb der Psychoanalyse sollen zu Wort kommen, und der kritische Dialog mit den Nachbarwissenschaften soll intensiviert werden. Bislang haben sich folgende Themenschwerpunkte herauskristallisiert:

Die Wiederentdeckung lange vergriffener Klassiker der Psychoanalyse – beispielsweise der Werke von Otto Fenichel, Karl Abraham, Siegfried Bernfeld, W. R. D. Fairbairn, Sándor Ferenczi und Otto Rank – soll die gemeinsamen Wurzeln der von Zersplitterung bedrohten psychoanalytischen Bewegung stärken. Einen weiteren Baustein psychoanalytischer Identität bildet die Beschäftigung mit dem Werk und der Person Sigmund Freuds und den Diskussionen und Konflikten in der Frühgeschichte der psychoanalytischen Bewegung.

Im Zuge ihrer Etablierung als medizinisch-psychologisches Heilverfahren hat die Psychoanalyse ihre geisteswissenschaftlichen, kulturanalytischen und politischen Bezüge vernachlässigt. Indem der Dialog mit den Nachbarwissenschaften wiederaufgenommen wird, soll das kultur- und gesellschaftskritische Erbe der Psychoanalyse wiederbelebt und weiterentwickelt werden.

Die Psychoanalyse steht in Konkurrenz zu benachbarten Psychotherapieverfahren und der biologisch-naturwissenschaftlichen Psychiatrie. Als das ambitionierteste unter den psychotherapeutischen Verfahren sollte sich die Psychoanalyse der Überprüfung ihrer Verfahrensweisen und ihrer Therapieerfolge durch die empirischen Wissenschaften stellen, aber auch eigene Kriterien und Verfahren zur Erfolgskontrolle entwickeln. In diesen Zusammenhang gehört auch die Wiederaufnahme der Diskussion über den besonderen wissenschaftstheoretischen Status der Psychoanalyse.

Hundert Jahre nach ihrer Schöpfung durch Sigmund Freud sieht sich die Psychoanalyse vor neue Herausforderungen gestellt, die sie nur bewältigen kann, wenn sie sich auf ihr kritisches Potenzial besinnt.

BIBLIOTHEK DER PSYCHOANALYSE
HERAUSGEGEBEN VON HANS-JÜRGEN WIRTH

Jean Laplanche

Nachträglichkeit

Problemstellungen VI

Aus dem Französischen
von Bettina Lindorfer

Herausgegeben und mit einem Vorwort
von Udo Hock

Psychosozial-Verlag

Titel der französischen Originalausgabe:
Problématiques VI. L'après-coup
© Presses Universitaires de France, 2006

Die Übersetzung des vorliegenden Buches wurde durch eine Zuwendung der Fondation Jean Laplanche finanziert.

Bibliografische Information der Deutschen Nationalbibliothek
Die Deutsche Nationalbibliothek verzeichnet diese Publikation in der Deutschen Nationalbibliografie; detaillierte bibliografische Daten sind im Internet über http://dnb.d-nb.de abrufbar.

Deutsche Erstausgabe
© 2022 Psychosozial-Verlag GmbH & Co. KG, Gießen
info@psychosozial-verlag.de
www.psychosozial-verlag.de
Alle Rechte vorbehalten. Kein Teil des Werkes darf in irgendeiner Form (durch Fotografie, Mikrofilm oder andere Verfahren) ohne schriftliche Genehmigung des Verlages reproduziert oder unter Verwendung elektronischer Systeme verarbeitet, vervielfältigt oder verbreitet werden.
Umschlagabbildung: Jean Laplanche, Paris, 5. Mai 1994 © Mélanie Gribinski, www.melaniegribinski.com
Umschlaggestaltung und Innenlayout nach Entwürfen von Hanspeter Ludwig, Wetzlar
Satz: SatzHerstellung Verlagsdienstleistungen Heike Amthor, Fernwald
ISBN 978-3-8379-3135-8 (Print)
ISBN 978-3-8379-7868-1 (E-Book-PDF)

Inhalt

Vorwort des Herausgebers

Nachträglichkeit und Übersetzung

Nachdem 2021 Laplanches *Problématiques VII* unter dem deutschen Titel *Problemstellungen VII. Ein biologistischer Irrweg in Freuds Sexualtheorie* erschienen sind, folgt nun die Übersetzung von *Problématiques VI. L'après-coup*. Die beiden Bände sind nicht nur chronologisch eng miteinander verbunden, sie verhandeln auch zwei Themen, die ineinander übergreifen. Zur zeitlichen Abfolge ist zu vermerken, dass es sich um zwei Vorlesungszyklen aus dicht aufeinanderfolgenden Studienjahren handelt: Die *Problématiques VI* umfassen den Zeitraum vom 28. November 1989 bis zum 13. Februar 1990, die *Problématiques VII* die Zeit vom 19. November 1991 bis zum 25. Februar 1992. Die inhaltliche Verzahnung der beiden Vorlesungsreihen macht wiederum eine Anekdote Freuds aus der Traumdeutung deutlich, derer er sich »zur Erläuterung für das Moment der Nachträglichkeit in dem Mechanismus der Psychoneurosen« bedient:

> »An der Frauenbrust treffen sich Liebe und Hunger. Ein junger Mann […], der ein großer Verehrer der Frauenschönheit wurde, äußerte einmal, als die Rede auf die schöne Amme kam, die ihn als Säugling genährt: es tue ihm leid, die gute Gelegenheit damals nicht besser genutzt zu haben« (Freud, 1900a, S. 211).

Laplanche selbst geht im nachfolgenden Text und überhaupt an vielen Stellen seines Werkes auf dieses Zitat ein, es erscheint ihm gleichsam paradigmatisch für die Möglichkeiten, aber auch die Grenzen, die Freuds Ausarbeitungen zur Nachträglichkeit bereitstellen. Interessanterweise erwähnt er hingegen an keiner einzigen Stelle, dass Freud hier zugleich die Urszene seiner Anlehnungstheorie beschreibt: Die Liebe des Kindes für die Ammenmutter lehnt sich gleichsam an die Nahrungsquelle Milch-Brust an. Ja, Laplanche verzichtet ganz darauf, im Kontext seiner Analyse des Begriffes »Anlehnung« (in den erwähnten *Problématiques VII*) diese Passage und damit die enge Verquickung der beiden Termini genauer zu analysieren. Es bleibt dies eine Aufgabe für die Zukunft.

Aber handelt es sich überhaupt bei »Anlehnung« und »Nachträglichkeit« um Begriffe im engeren Sinne, oder wie ließe sich ihr Status im Freud'schen Werk genauer bestimmen? Nun, Laplanche hat hierfür einen neuen Terminus geschaffen, er nennt sie »implizite« oder auch »Parakonzepte« (vgl. Laplanche, 2021 [1992], S. 43f.). Ihr entscheidendes definitorisches Merkmal ist, dass sie nie selbst von ihrem Autor, sprich Freud, als solche thematisiert worden und mehr oder weniger lange Zeit auch keinem seiner Leser aufgefallen sind. Oft genug entwickeln sie erst in der Übersetzung einen Begriffsstatus, weil sie wiederholt an zentralen Stellen auftauchen und in der neuen Sprache einheitlich wiedergegeben werden sollten: Man muss dafür sozusagen ein kontextunabhängiges Wort finden oder im Einzelfall auch erfinden.

Das ist der französischen Psychoanalyse spätestens mit Lacans Übersetzung von »nachträglich« bzw. »Nachträglichkeit« durch »après-coup« bzw. »l'après-coup« (Lacan, 1966, S. 256, Fn. 1) so gut gelungen, dass diese Vorschläge sogar in aktuellen anglophonen Veröffentlichungen und ganz konkret in der englischen Übersetzung des Werkes von Laplanche als neue psychoanalytische Vokabeln französischer Herkunft akzeptiert und in die Sprache aufgenommen wurden. Dementsprechend lautet die englische Version der vorliegenden Vorlesungsreihe in der Übersetzung von Jonathan House – nahezu identisch mit der französischen – *Après-coup* (Laplanche, 2017 [2006]). Laplanches Anregung, die beiden Wörter »nachträglich« und »Nachträglichkeit« im Englischen durch »afterwards« bzw. »afterwardsness« wiederzugeben (z.B. Laplanche, 2022 [2006], S. 34) und dadurch die verschiedenen Übersetzungsvorschläge Stracheys (zuvorderst »deferred action«, aber auch »subsequently« und andere) zu ersetzen, konnte sich hingegen nicht durchsetzen.

Im Übersetzungstaumel

Mit diesen einleitenden Bemerkungen sind wir schon mittendrin in Laplanches Beschäftigung mit der *Nachträglichkeit*. Denn nie zuvor und auch nie mehr danach hat Laplanche die Analyse eines Begriffes so mit den Problemen seiner Übersetzung verknüpft, wie das bei der *Nachträglichkeit* der Fall ist. Dies hat sicher auch damit zu tun, dass Laplanche und seine Equipe zum damaligen Zeitpunkt gerade mit der Übersetzung der *Gesammelten Werke* Freuds ins Französische startete; sie ist als *OCF/P* für *Les Œuvres complètes de Freud/Psychanalyse* erschienen und wurde 2019 abgeschlossen (vgl. dazu Hock, 1996). Insofern erschiene der Titel *Nachträglichkeit und Übersetzung* für den vorliegenden Band in mehrfacher Hinsicht besonders passend. Der Vorlesungszyklus beginnt schon damit, dass über viele Seiten das unübersetzte Wortpaar *nachträglich* bzw. *Nachträglichkeit* kursiv gedruckt das Textbild dominiert. Laplanche signalisiert damit: Am »Original« führt kein Weg vorbei. Er legt dann über mehrere Sitzungen hinweg in großer Akribie sowohl eine Analyse des deutschen Wortes (inklusive des damit verwandten Verbs *nachtragen*) als auch seiner Übersetzungen ins Französische und ins Englische vor. Er sucht die verschiedenen Kontexte im Freud'schen Werk (und hier besonders in den Fließ-Briefen und dann im »Wolfsmann«) auf, um mehrere Bedeutungsschichten zu unterscheiden, die für das Verständnis des Terminus zwar unverzichtbar sind, aber kaum einheitlich mit ein- und demselben Wort ins Französische und Englische übertragen werden können.

Dabei bezieht sich Laplanche immer wieder affirmativ auf den französischen Übersetzungstheoretiker und Übersetzer Antoine Berman (1942–1991), der ihm mit seiner Formulierung »l'épreuve de l'étranger« (Berman, 1984) das entscheidende Stichwort liefert: das heißt die Sprache Freuds der Prüfung durch das Fremde aussetzen und dadurch zugleich das Fremde der Sprache Freuds in den Fokus rücken (Laplanche, 2022 [2006], S. 30). Denn wenn die eigene Sprache in eine fremde Sprache übertragen wird, offenbart sich überhaupt erst, was an ihr selbst unübersetzbar oder zumindest widerständig ist gegenüber einer Übersetzung, sie verliert ihre scheinbare Transparenz.

Dabei kommt es in dieser Auseinandersetzung mit Freuds Sprache durchaus auch zu Sprachkollusionen, die Buchstaben beginnen zu tanzen und es fällt schwer, den Durchblick zu behalten. Ich denke hier insbesondere an jene Stelle, in der von Stracheys englischer Übersetzung »deferred action«, also wörtlich »aufgeschobene Handlung«, die Rede ist:

> »Nicht dass Strachey den Terminus nicht im Index hätte, er ist unter ›*deffered*‹ [sic] aufgeführt. Ich weiß nicht, warum ›*deffered*‹ [sic] im *Vokabular der Psychoanalyse* mit einem ›i‹ geschrieben ist; ›to deffer‹ [sic] heißt ›aufschieben‹ [i. O. »*différer*«; A. d. Ü.]. Es handelt sich um einen Englischfehler im *Vokabular der Psychoanalyse*, der nie korrigiert worden ist. Es muss also ›to deffer‹ [sic] heißen, was so viel wie ›verschieben, aufschieben, zu-

> rückstellen‹ bedeutet. Und meist mit ›action‹ verbunden, wird das Substantiv *Nachträglichkeit** mit ›deffered action‹ [sic] wiedergegeben« (ebd., S. 23f.).

Laplanche sucht hier den Eintrag ins *Vokabular der Psychoanalyse* zu korrigieren, indem er aus dem *differed* ein *deffered* macht. Dabei übersieht er aber, dass das französische *différer* im Englischen zu einem *defer/deferred* wird. Ich habe diesen Flüchtigkeitsfehler nicht angeführt, weil er eine große Bedeutungsverschiebung nach sich ziehen würde. Eine solche Verschiebung gibt es hier nicht, denn sowohl das französische *différer* als auch das englische *defer* stammen vom lateinischen *deferre* ab und bedeuten das gleiche *aufschieben*, wie es auch in der Übersetzung von Strachey verwendet wird. Laplanches Lapsus macht vielmehr deutlich, wie in diesem Text die Wörter, ja die Buchstaben zum Tanzen gebracht werden, fast ist man versucht von einem obsessiven Sprach- und Übersetzungsrausch zu sprechen, wie man ihn sonst trotz seiner großen Liebe zu Freuds Sprache bei Laplanche kaum mehr findet. Es ist ein Laplanche, dem man beim Arbeiten quasi über die Schulter sehen kann und dem es vielleicht nicht ganz wohl dabei ist, sich auf diese Weise zu präsentieren.

Die Publikation der *Problématiques VI* – eine »deferred action«

Schon Jonathan House, der amerikanische Herausgeber und Übersetzer von Laplanche, spekuliert im Rückgriff auf die Zeugenschaft Dominique Scarfones[1] über den Aufschub, den Laplanches Vorlesung von 1989/90 bis zu seiner endgültigen Publikation 2006 erfahren hat. Dabei merkt er zu Recht an, dass trotz dieses Aufschubs auch die Version von 2006 eher »lecture notes« ähnele, »bearing few traces of later amendment« (House, 2017, S. ix).

Eine Bemerkung aus dem kurzen Text »Notes sur l'après-coup« (Laplanche, 1999, S. 58–66), der aus einem Gespräch mit Martin Stanton zu Beginn der 1990er Jahre entstanden war und die Vorlesungsreihe zusam-

1 »He showed me his files saying that they would require a lot of editing and rewriting, and that he could not find the time for that« (zit. nach House, 2017, S. x). Scarfone datiert diesen Besuch auf das Jahr 1999!

menfasst, zeigt schließlich, dass Laplanche von Anfang an Schwierigkeiten hatte, die Ergebnisse seiner Untersuchung ausführlicher zu präsentieren. Denn er kündigt dort einen Artikel an, der nie erschienen ist: »Je travaille en ce moment à un article plus important ›sur l'après-coup de la *Nachträglichkeit*‹ «.[2]

Ganz offensichtlich ist Laplanche von seinem Gegenstand nachhaltig angesteckt und dann von einer *nachträglichen* Hemmung davon abgehalten worden zu zeigen, was er ausgearbeitet hatte. Deshalb darf auch die Veröffentlichung der *Problématiques VI* selbst als ein Beispiel für eine *deferred action* gelten. Der Band mit seiner besonderen Editionsgeschichte, aber auch seiner exzessiven Schwerpunktsetzung auf Übersetzungsfragen ist gleichsam ein Manifest dafür, wie das Dargestellte auf die Darstellungsweise ausstrahlt, wie also Inhalt und Form untrennbar miteinander verwoben sind. Laplanche denkt darin nicht nur über Nachträglichkeit und Übersetzung nach, er setzt deren Verknüpfung performativ in Szene. Er gibt sich seiner Lust an Übersetzungsfragen hin und erschrickt dann darüber, wie ihm das passieren konnte. So erkläre ich mir seine Schwierigkeiten, den Text wieder aufzunehmen und mit Sorgfalt zu über- oder sogar durchzuarbeiten.

Determinismus und Hermeneutik – zwei Ordnungsbegriffe

Zu welchen Ergebnissen kommt nun aber Laplanche bei seinem Projekt, den bei Freud noch impliziten Begriff der *Nachträglichkeit* zu *dem* zentralen Zeitbegriff der Psychoanalyse umzuformen? Die beiden Begriffe »Determinismus« bzw. »Hermeneutik«, die nahezu zeitgleich zum vorliegenden Band in dem 1991 veröffentlichten Aufsatz »L'interprétation entre déterminisme et herméneutique« (vgl. Laplanche, 2005 [1992]) titelgebend auftauchen, sind hier besonders instruktiv. Denn sie bezeichnen zwei der drei Auffassungen von *Nachträglichkeit*, die Laplanche aus Freuds Werk herauspräpariert, um sie am Ende durch seine eigene Position gleichsam zu überwinden.

1. »Nachträglich« bedeutet in bestimmten Kontexten ganz banal »später« (auf französisch »plus tard« oder auch »ultérieurement«); um diese Bedeutung müssen wir uns nicht weiter kümmern.

2 »Ich arbeite zurzeit an einem größeren Artikel ›über den Après-coup der *Nachträglichkeit*‹« (Übers. U. H.).

2. »Nachträglich« wird deterministisch verstanden, ein Ereignis aus der Vergangenheit determiniert ein Ereignis in der Zukunft. Laplanches Lieblingsmetapher ist in diesem Zusammenhang die Zeitbombe: Eine erste potenziell traumatische Erinnerung wäre mit einer Zeitbombe vergleichbar, die durch ein späteres, für sich genommen wenig spektakuläres Ereignis ausgelöst wird. In diesem Fall wäre Stracheys Übersetzung als »deferred action« durchaus gerechtfertigt. Denn es handelt sich um eine progressive, nach vorne gerichtete Bewegung, die von der Vergangenheit in die zukünftige Gegenwart weist. Klinische Beispiele ließen sich insbesondere in Freuds früher Verführungstheorie finden: Eine verdrängte sexuelle Attacke aus der Kindheit führt zur späteren Symptombildung.
3. »Nachträglich« wird hermeneutisch verstanden, der Zeitpfeil weist in diesem Zusammenhang nicht mehr von der Vergangenheit in die Zukunft, sondern von der Zukunft in die Vergangenheit. »Nachträglich verstehen« ist sicher die Formel par excellence, die einem eher hermeneutischen Verständnis von *Nachträglichkeit* zugrunde liegt: In dieser Auffassung wird die aktuelle Situation oder Erkenntnis als ausschlaggebend für eine Neu-, ja Uminterpretation der Vergangenheit angesehen. Im Schatten dieser hermeneutischen Variante von Nachträglichkeit taucht bei Laplanche regelmäßig Jungs »Zurückphantasieren« auf; denn Freud hat insbesondere im »Wolfsmann« große Mühe, sich dieses Jung'schen Kampfbegriffs zu erwehren; er tut es, indem er auf der Realität der Urszene insistiert. Laplanche deckt auf, dass Strachey immer dann, wenn *nachträglich* eine Bewegung von der Gegenwart in die Vergangenheit bezeichnet, auf die Übersetzung »deferred action« verzichten muss, um keinen Widersinn zu produzieren. Er ist dann gezwungen, *subsequently* oder auch *retrospectively* auszuwählen, *rétroactivement* würde man im Französischen sagen, um eine hermeneutische Auslegung der Nachträglichkeit zu unterstreichen. Und es gibt ja in der Übersetzungsgeschichte des Terminus durchaus Vorschläge, die in diese Richtung weisen.

Während Laplanche die hermeneutische Variante wiederholt mit Jungs Zurückphantasieren identifiziert, gegen das Freud angeschrieben hätte[3], ist er bei

3 Gleichwohl finden sich auch bei Freud Stellen, an denen das Zurückphantasieren affirmativ auftaucht. Über seine berühmte Deckerinnerung aus dem gleichnamigen

der deterministischen Variante einigermaßen zögerlich, ob er sie Freud zuschreiben kann; seine Äußerungen sind in dieser Hinsicht wenig eindeutig. Sicher ist hingegen, dass schon Freud mit einer ähnlichen Gegenüberstellung zu kämpfen hatte. Im Zusammenhang mit seiner Unsicherheit über die Echtheit einer Traumerinnerung an seine Kinderfrau Zajic äußert er gegenüber Fließ: »Ein harter Kritiker könnte auf alles sagen, es sei nach rückwärts phantasiert, anstatt nach vorne bedingt. Die experimenta crucis müssen gegen ihn entscheiden«, um in der Folge die Detailfülle seiner Erinnerungen als untrügliches Kennzeichen für ihre Richtigkeit zu bewerten (Freud, 1986, S. 290; vgl. Hock, 2003, S. 823). Laplanche kommentiert diese Passage mit den Worten: »Aber hier spricht Freud als Determinist« (Laplanche, 2022 [2006], S. 78) und suggeriert damit, dass Freuds Position dem Determinismus nahestünde.

Tatsächlich scheint mir jedoch das Gegensatzpaar Determinismus versus Hermeneutik mehr ein Ordnungsprinzip zu sein, um die verschiedenen Erscheinungsweisen von Nachträglichkeit im Freud'schen Werk zwei Kategorien zuordnen zu können, als dass es bei Freud wirklich so zu finden wäre. Es hat meines Erachtens überragenden heuristischen Wert, denn es ermöglicht, die diversen Ausdeutungen des Freud'schen Textes kritisch unter die Lupe zu nehmen und damit auch Irrwege der Freud-Deutung aufzuspüren. Aber es fällt schwer, Freud mit einer der beiden Positionen zu identifizieren, er war sicherlich weder Determinist noch Hermeneutiker. In beiden Fällen handelt es sich um Kategorien, die dem Freud'schen Diskurs von außen auferlegt wurden, sie kommen so, wie sie Laplanche definiert, dort sicherlich nicht vor.

Und tatsächlich sucht sie Laplanche mit seiner eigenen, auf seiner Allgemeinen Verführungstheorie aufbauenden Nachträglichkeitstheorie hinter sich zu lassen.

Nachträglichkeit und Allgemeine Verführungstheorie

Diese Theorie lässt sich am leichtesten an dem Beispiel aus Freuds *Traumdeutung* illustrieren, das ich eingangs angeführt habe, also am Beispiel des

Aufsatz »Über Deckerinnerungen« schreibt er beispielsweise an Fließ: »Zuerst hat sich ein Stückchen Selbstanalyse durchgerungen und mir bestätigt, daß die Phantasien Produkte späterer Zeiten sind, die sich von der damaligen Gegenwart bis in die erste Kindheit zurückprojizieren [...]« (Freud, 1986, S. 370; ausführlicher Hock, 2003, S. 822ff.).

Frauenliebhabers, der sich darüber ärgert, als Baby die Situation an der ihn nährenden Brust der schönen Amme nicht besser genutzt zu haben (vgl. Laplanche, 2022 [2006], S. 96–98; 1999, S. 63–65). Auf den ersten Blick spricht der Frauenliebhaber wie ein Hermeneutiker, der aus aktueller Sicht die verpasste »Gelegenheit« bedauert: Hätte ich doch damals nur gewusst, welch einmalige Chance sich mir geboten hat. Er projiziert seine heutigen Wünsche einfach in die Vergangenheit zurück und übergeht dabei völlig, welch hilfloses Baby er einst war. Genau diese Verleugnung seiner Winzigkeit (Winzigkeit seines Begehrens, aber auch Winzigkeit seines Organs des Begehrens, des Penis) entbehrt nicht einer gewissen Komik. Denn es handelt sich natürlich um eine unmögliche Vergangenheit, um einen Wunsch nach einer anderen Vergangenheit, die im Irrealis der Vergangenheit (»hätte ich doch nur gewusst …«) ihr grammatikalisches Pendant findet.

Doch genauso lässt die Anekdote eine deterministische Lesart zu. Denn ganz so hilflos mag das Baby dann doch nicht gewesen sein, immerhin beschreibt Freud in seinen *Drei Abhandlungen* das Saugen an der Mutterbrust als großes erotisches Vergnügen und allgemeiner die orale Sexualität des Kindes als Kern und Grundlage der infantilen Sexualität. In dieser Perspektive ist die Sexualität des Erwachsenen immer auch die Folge der Spuren, die die infantile Sexualität hinterlassen hat, ja sie wäre vielleicht sogar entscheidend für die Attraktivität, die die Frauenbrust auf den Liebhaber ausübt.

Laplanches neues Verständnis dieser Interaktion zwischen Amme und Erwachsenem/Kind basiert nun wesentlich darauf, dass er weder den Erwachsenen noch das Kind in den Mittelpunkt seiner Überlegungen rückt, sondern das, was in Freuds Darstellung und im Anschluss auch in allen postfreudianischen Lesarten der Nachträglichkeit ausgespart wird: die Amme und ihre eigene Sexualität. Freud (und mit ihm die Postfreudianer jeglicher Couleur) vergisst an dieser Stelle vollkommen die eigene Verführungstheorie und damit auch die Lust, ja die sexuelle Lust, die die Amme beim Saugen des Kindes gespürt und ihm als rätselhafte Botschaft weitergegeben haben mag. Mit anderen Worten, das Kind hat es primär nicht mit dem Teilobjekt Brust zu tun, sondern mit einer erogenen Zone – einer erogenen Zone zunächst für die Amme selbst und dann natürlich auch für das Kind. Ohne Berücksichtigung dieser verführenden dritten Instanz, jenseits von erwachsenem Liebhaber und saugendem Kind, bleibt jedes Verständnis von Nachträglichkeit letztlich in einer unfruchtbaren Alternative von Determinismus und Hermeneutik gefangen, so Laplanche.

Nachträglichkeit nach Laplanche

Kein zweites »Para-Konzept« Freuds hat ein ähnliches Nachleben erfahren oder, sagen wir mit Blick auf Laplanches »Zeitbombe«, ein ähnliches Nachbeben ausgelöst wie die *Nachträglichkeit*. Der Einfluss Laplanches auf dieses Nachleben bzw. Nachbeben ist sicherlich gewaltig, und mir sind im Übrigen wenige Texte zur Nachträglichkeit bekannt, die sich nicht anerkennend äußern würde gegenüber Laplanches Leistung, den Terminus im Anschluss an Lacan bei Freud ausgegraben und systematisch neu bestimmt zu haben. Übrigens geht diese Entdeckung bereits auf das Jahr 1964 zurück, als Laplanche zusammen mit Pontalis seinen berühmten Text über die Urphantasien verfasste (Laplanche & Pontalis, 1985 [1964]), und findet ihren vorläufigen Höhepunkt in seinem Statement aus den *Nouveaux fondements pour la psychanalyse* von 1987 (dt. 2011), wonach die Nachträglichkeit den zentralen Zeitlichkeitsmodus der Psychoanalyse darstellt.

Im PEP (Psychoanalytic Electronic Publishing), einer psychoanalytischen Internetbibliothek, die zumindest den Mainstream der psychoanalytischen Veröffentlichungen gut abbildet, ist seit den 1970er Jahren eine progredient ansteigende Beschäftigung mit der Nachträglichkeit verzeichnet, die in den seltensten Fällen ganz auf Laplanches Arbeiten verzichtet. Gerade deshalb ist es völlig unmöglich, eine halbwegs vollständige Zusammenfassung zu bieten über den Einfluss, den seine Ausführungen zur Nachträglichkeit ausgeübt haben und weiterhin ausüben. Dabei spielt die vorliegende Buchfassung seiner Vorlesungen zur *Nachträglichkeit* bisher sicherlich keine ganz große Rolle: Sie ist ja im Französischen erst 2006, im amerikanischen Englisch 2017 erschienen und im Deutschen erscheint sie eben jetzt, im Jahr 2022. Statt also umfassend über die Rezeption und Wirkung von Laplanches Arbeiten zur Nachträglichkeit zu berichten, möchte ich einige wenige Veröffentlichungen anführen, die seine zentralen Ideen aufgegriffen haben.

Aus den deutschsprachigen Ländern sind zunächst die beiden Bücher *Spur und Umschrift* (2004) von Ilka Quindeau sowie Christine Kirchhoffs *Das psychoanalytische Konzept der »Nachträglichkeit«. Zeit, Bedeutung und die Anfänge des Psychischen* (2009) zu nennen. Beide Autorinnen beziehen sich explizit auf Laplanches Allgemeine Verführungstheorie und räumen dem Problem der Nachträglichkeit einen zentralen Platz ein; ja Kirchhoffs Werk ist die erste und einzige Monografie, die bisher zu diesem Thema erschienen ist. Auch Thomas Aichhorn hat in der ersten deutschsprachigen

Monografie zum Werk Laplanches mit dem Titel *»Freud arbeiten lassen«. Die Dynamisierung der Sexualtheorie durch Jean Laplanche* (2019) der Nachträglichkeit ein eigenes instruktives Kapitel gewidmet.

Aus der Vielzahl von Artikeln, die auf die Nachträglichkeit Laplanches Bezug nehmen, möchte ich zuvorderst Eickhoffs Aufsatz »Über Nachträglichkeit: die Modernität eines alten Konzepts« (2005) hervorheben. Das Verdienst des Autors besteht unter anderem darin, umfangreiche bibliografische Recherchen unternommen und dadurch wichtige nationale und internationale Arbeiten zur Nachträglichkeit zusammengetragen zu haben (u.a. von Birkstedt-Breen, 2003; Faimberg, 1998; Gekle, 1989; Kerz-Rühling, 2000; Kettner, 1998; Knott, 1998; Loch, 1995; Thomä & Cheshire, 1991; genauere Angaben bei Eickhoff). Man merkt dem Text auch an, dass Eickhoff selbst, wie übrigens auch Laplanche, Teilnehmer eines Symposiums in Paris 1998 war, auf dem sich die damaligen Granden der Psychoanalyse über das Thema austauschten. Erwähnenswert erscheinen mir zudem zwei Arbeiten von Dahl (2010; 2018), in denen er sich genauso sehr von Laplanche abgrenzt – »der Gebrauch von *après-coup* ist [...] im vorliegenden Text dem von Laplanche diametral entgegengesetzt«, heißt es dazu überdeutlich in einer Fußnote (Dahl, 2010, S. 386, Fn. 1) –, wie er sich von ihm inspirieren lässt. Auch der Autor dieser Zeilen hat in einem Beitrag aus dem Jahr 2003 die Fruchtbarkeit der Nachträglichkeit für die Analyse der berühmten Freud'schen Deckerinnerung, in der Freud als kleiner Junge einem Mädchen gelbe Blumen entreißt, aufzuzeigen versucht (Hock, 2003). Immer noch sehr lesenswert erscheint schließlich ein Beitrag von Erdheim (1993), in dem die Bedeutung der Nachträglichkeit für die Entwicklung in der Adoleszenz hervorgehoben wird. So viele Arbeiten deutschsprachiger Autoren und Autorinnen müssen hier ungenannt bleiben (z.B. auch diejenige von Görling, 2001), da ich den Akzent auf jene Texte gelegt habe, die sich aus- und nachdrücklich auf Laplanche beziehen.

Aus dem französischen Sprachraum möchte ich zwei Veröffentlichungen hervorheben: Die Zeitschrift *Revue française de psychanalyse* (2006; 2009) hat zwei Sonderbände zum Thema Nachträglichkeit herausgegeben; in beiden sind umfangreiche Vorträge veröffentlicht, die zuvor auf französischsprachigen Kongressen gehalten worden waren. Diese Vorträge sind voller Referenzen auf Laplanche, auch wenn ihm nicht von jedem Redner gleichermaßen Anerkennung entgegengebracht wurde. Denn Laplanche ist in Frankreich eine Figur, an der man sich mehr abarbeitet, als dass man sie liebt.

Last but not least, ist ein Text aus dem anglophonen Sprachraum unbedingt erwähnenswert: »*Après-coup* in French Psychoanalysis: The Long Afterlife of *Nachträglichkeit*. The First Hundred Years, 1893 to 1993« (2015). Jonathan House hat diesen schon im Titel sehr aussagekräftigen Artikel zusammen mit Julie Slotnick gleichsam parallel zu seiner Übersetzung der *Problématiques VI. L'après-coup* verfasst. House und Slotnick ziehen darin die Spur nach, die insbesondere vom frühen Freud, dem Freud der Fließ-Briefe und des »Entwurfs einer Psychologie«, zu Laplanches Neuinterpretation der Nachträglichkeit im Lichte seiner Allgemeinen Verführungstheorie führt. Sicherlich gibt es keinen Text zum *après-coup*, der in vergleichbarer Weise die Leistung Laplanches in den Vordergrund stellt. So heißt es dort zur Rezeption von Nachträglichkeit nach Freud lapidar: »1970–1993: Mostly Laplanche« (ebd., S. 705). Und tatsächlich hat sich kein Autor größere Verdienste dabei erworben, den Terminus »Nachträglichkeit« aus der Tiefe des Freud'schen Werkes zu bergen und ihn nach Jahren, ja Jahrzehnten, in denen er in Vergessenheit geraten war, zum ersten Mal überhaupt in der Geschichte der Psychoanalyse in sich widerspruchsfrei zu konzeptualisieren. Die vorliegenden *Problématiques VI* stellen den entscheidenden letzten Schritt in diesem langen Prozess der Begriffswerdung dar.

Bibliografie

Aichhorn, T. (2019). *»Freud arbeiten lassen«. Die Dynamisierung der Sexualtheorie durch Jean Laplanche*. Frankfurt a. M.: Brandes & Apsel.

Berman, A. (1984). *L'épreuve de l'étranger. Culture et traduction dans l'Allemagne romantique: Herder, Goethe, Schlegel, Novalis, Humboldt, Schleiermacher, Hölderlin*. Paris: Gallimard.

Dahl, G. (2010). Nachträglichkeit, Wiederholungszwang, Symbolisierung: Zur psychoanalytischen Deutung von primärprozesshaften Szenen. *Psyche, 64(5)*, 385–407.

Dahl, G. (2018). Ein zweiter Fall von Nachträglichkeit: Aus der wissenschaftlichen Korrespondenz zwischen Sigmund Freud und Karl Abraham. *Psyche, 72*(5), 342–373.

Eickhoff, F. (2005). Über Nachträglichkeit: die Modernität eines alten Konzepts. *Jahrbuch der Psychoanalyse, 51*(1), 139–161.

Erdheim, M. (1993). Psychoanalyse, Adoleszenz und Nachträglichkeit. *Psyche, 47*(10), 934–950.

Freud, S. (1900a). *Die Traumdeutung. GW II/III*.

Freud, S. (1986). *Briefe an Wilhelm Fließ 1887–1904*. Ungekürzte Ausgabe. Hrsg. v. J. M. Masson, Bearbeitung der dt. Fassung v. M. Schröter, Transkription v. G. Fichtner. Frankfurt a. M.: Fischer.

Görling, R. (2001). Eine Machine, die nächtens von selber geht: Über Nachträglichkeit und Emergenz. *Psyche, 55*(6), 560–576.

Hock, U. (1996). Français Freudien. Bemerkungen zur ersten französischen Gesamtausgabe der »Gesammelten Werke« Freuds. *Psyche, 50*(2), 149–165.

Hock, U. (2003). Die Zeit des Erinnerns. *Psyche, 57*(9–10), 812–840.

House, J. (2017). Preface to Après-coup. In J. Laplanche, *Problématiques VI* (S. vii–xiii). New York: The Unconscious in Translation.

House, J. & Slotnick, J. (2015). *Après-coup* in French Psychoanalysis: The Long Afterlife of *Nachträglichkeit*: The First Hundred Years, 1893 to 1993. *The Psychoanalytic Review, 102*(5), 683–708.

Kirchhoff, C. (2009). *Das psychoanalytische Konzept der »Nachträglichkeit«. Zeit, Bedeutung und die Anfänge des Psychischen*. Gießen: Psychosozial-Verlag.

Lacan, J. (1966). *Écrits*. Paris: Seuil.

Laplanche, J. (1999). Notes sur l'après-coup. In ders., *Entre seduction et inspiration: l'homme* (S. 57–66). Paris: PUF.

Laplanche, J. (2005 [1992]). Deutung zwischen Determinismus und Hermeneutik. Eine neue Fragestellung. Übers. v. P. Passett. In ders., *Die unvollendete kopernikanische Revolution* (S. 142–176). Gießen: Psychosozial-Verlag.

Laplanche, J. (2011 [1987]). *Neue Grundlagen für die Psychoanalyse*. Übers. v. H.-D. Gondek. Gießen: Psychosozial-Verlag.

Laplanche, J. (2017 [2006]). *Après-coup: Problématiques VI, followed by Time and the Other and Temporality and Translation*. Übers. v. Jonathan House u. Luke Thurston. New York: The Unconscious in Translation.

Laplanche, J. (2021 [1992]). *Ein biologistischer Irrweg in Freuds Sexualtheorie. Problemstellungen VII*. Übers. v. B. Lindorfer. Gießen: Psychosozial-Verlag.

Laplanche, J. (2022 [2006]). *Nachträglichkeit. Problemstellungen VI*. Übers. v. B. Lindorfer. Gießen: Psychosozial-Verlag.

Laplanche, J. & Pontalis, J.-B. (1992 [1964]). *Urphantasie. Phantasien über den Ursprung, Ursprünge der Phantasie*. Übers. v. M. Looser. Frankfurt a. M.: Fischer.

Quindeau, I. (2004). *Spur und Umschrift*. Paderborn: Wilhelm Fink Verlag.

Revue française de psychanalyse (2006), *LXX*(3) – L'après-coup, 645–766.

Revue française de psychanalyse (2009), *LXXIII*(5) – L'après-coup, 1285–1730.

Hinweis[1]

Ich habe in meiner öffentlichen Lehrtätigkeit seit 1962 an der École Normale Supérieure und an der Sorbonne, seit 1969 am Fachbereich der Klinischen Humanwissenschaften in Paris VII entlang einiger Hauptachsen der psychoanalytischen Theorie einen Weg beschritten, für den Problematisieren und Interpretieren charakteristisch sind. Diese Vorlesungen sind hier unter dem allgemeinen Titel *Problemstellungen* ab dem Jahr 1970/71 zusammengestellt. Der vorgetragene Text wurde nur insoweit verändert, als es für die Veröffentlichung notwendig war.

Die Themen der aufeinander folgenden Jahre folgen keiner vorab festgelegten Logik: Wegweisend sind vielmehr zum einen der Inhalt und zum anderen meine persönliche Entwicklung. Dass die Texte ohne große Mühe in einer Reihe von Bänden zusammengestellt werden konnten, habe ich erst nachträglich realisiert.

Das Studienjahr wird meist durch eine mehr oder weniger lange methodologische Einleitung eröffnet. Diese Einleitungen – sie sind kursiv gedruckt – entheben mich der Aufgabe, die zentralen Ideen hier noch einmal zu wiederholen. Sie zeigen, dass ich die Art und Weise meines Vorgehens ständig überdenke, insbesondere auch die Frage, ob es legitim ist, dies »an der Universität« zu tun.

Je nach Veranlagung und Offenheit können die Leser auf diese Veröffentlichung auf zwei Arten reagieren. Entweder führen sie der offenkundige Klassizismus der Begriffe, die häufigen kritischen Kommentare, und dass ein Thema wiederkehrt und immer wieder verhandelt wird (was damit

1 Editorische Notiz: Quellenangaben in eckigen Klammern wurden von der Übersetzerin ergänzt und mit dem Kürzel »A. d. Ü.« gekennzeichnet. Die Bibliografie am Ende des Textes ist von der Übersetzerin erstellt worden; Laplanche selbst hatte seine Quellen nur in Fußnoten gesetzt. Zur Kenntlichmachung von Begriffen, die bei Laplanche auf Deutsch vorkommen, wurde ein Asterisk verwendet. Eckige Klammern ohne den Zusatz »A. d. Ü.« zeigen den Originalwortlaut an.

zu tun hat, dass ich mich jedes Jahr an eine größtenteils neue Zuhörerschaft wende) dazu, diese Texte als ein Extrembeispiel der allzu verrufenen »Freud'schen« Exegese anzusehen; oder sie bringen meinem Vorgehen Geduld und Wohlwollen entgegen und können manche Vertiefungen oder manche Vorstöße annehmen, so dass im Extremfall gewisse Scharniere bis zum Knirschen belastet, gewisse Begriffe zum Abdriften gebracht werden. Es geht hier darum, das Freud'sche Denken »zum Arbeiten zu bringen« – in allen Bedeutungsrichtungen dieses Ausdrucks.

Dabei können uns drei Modelle helfen, sowohl diese Arbeit des Denkens als auch die »treulose Treue« in meinem Vorgehen besser zu verstehen: die *Anforderung*, die *Spirale*, die *Verirrungen*.

Die *Anforderung* meint hier zunächst nicht die des Denkers Freud, wie streng er auch sein mag, sondern sie rührt von seinem Objekt selbst her, diesem gebieterischen Objekt, das ihn von seinen ersten Arbeitsjahren an bis zum Schluss magnetisiert. Das Objekt, das diese Anforderung stellt, ist nichts anderes als das Unbewusste, das einerseits unbestreitbar ist und andererseits unmöglich vollständig erfasst werden kann. Über dieses Unbewusste kann man immerhin bestimmte Aussagen treffen, insbesondere, dass es durch und durch sexuell ist.

Die *Spirale* ist eine Kurve, die sich von einem sie magnetisierenden fixen Punkt aus nach oben bewegt. Auf diesem Weg durchläuft das Denken in regelmäßigen Abständen die gleiche vertikale Linie. Bei jeder Umdrehung wird das Problem angereichert oder es ändert sogar sein Aussehen. Aber jede spiralförmige Umdrehung »hebt sich ab« von der vorhergehenden, und markiert einen Fortschritt.

Die *Verirrung* schließlich ist nicht loszulösen von der Anforderung, weil sie eine Konsequenz daraus ist: Der zu einem von Nebelschwaden umhüllten Gipfel hingezogene Alpinist kann sich auf einmal in eine ausweglose Lage manövrieren: Soll er kühn immer weiter gehen oder soll er zur letzten Abzweigung zurückgehen? Und zu welchem Preis?

Die Verirrungen ausfindig zu machen und sie zu beschreiben, ermöglicht es die grundlegenden Problemstellungen klarer zu sehen, die im Begriffswirrwarr häufig schwer fassbar sind. Indem man auf diese Weise eine Lehre problematisiert, die allzu oft nur wiedergekäut wird, kann sich eine andere, eine von ihren Schlacken befreite *Thematik* herausbilden, nämlich diejenige, die ich vorgeschlagen habe »Allgemeine Verführungstheorie« zu nennen und die dann in anderen Büchern und Artikeln entwickelt werden wird.

28. November 1989

Die Lehre, die ich heute wieder aufnehme mit einer dieser drei Vorlesungen für das DEA[2]*, hat ihre Besonderheiten und ihre Schwierigkeiten. Eine Vorlesung im Rahmen des DEA muss meines Erachtens auf der Höhe der aktuellen Forschung sein, denn wo sonst würde man an der Universität psychoanalytische Forschung betreiben? Also ist dies kein Einführungskurs, und diejenigen unter Ihnen, die sozusagen nicht über die notwendigen Begriffe verfügen, finden hier auch kein Abc dazu oder höchstens zufällig. Eine Vorlesung im Rahmen des DEA ist so etwas wie ein Modell oder Muster für die Forschung des jeweiligen Lehrenden, das nicht notwendigerweise mit Ihren eigenen Beschäftigungen oder dem Thema Ihrer Doktorarbeit in Verbindung steht. Vielmehr ist sie ein Weg, um die persönlichen Ideen des Lehrenden vorzustellen. Damit ist diese Forschung im Innern einer Bewegung zu verorten, die ich notgedrungen zumindest teilweise als bekannt voraussetzen muss. Einige von Ihnen folgen dieser Vorlesung schon länger, andere sind neu dazugekommen; jedes Jahr kommen neue, nur mehr oder weniger gut informierte Hörer dazu, die auf einen »fahrenden Zug« aufspringen müssen. Wie kann man also in einer solchen Vorlesung den Wunsch, auf der Höhe dessen zu sprechen, was man gerade untersucht und ausarbeitet, damit vereinen, über Grundsätzliches zu sprechen? Als Antwort auf diese Frage möchte ich hier drei Punkte anführen: Zunächst einmal sind meine Ausführungen, wie Sie hoffentlich sehen werden, immer recht klar, ich gebe jeweils die Referenzen und möglichen Erklärungen an. Soweit es mir die Zeit erlaubt, bin ich auch bereit, am Ende oder zu Beginn der jeweils nächsten Sitzung auf Fragen zu antworten und dem Wunsch nach Klärungen nachzugehen; wenn dies ohne Unterbrechung möglich ist, tue ich dies sogar während meines Vortrags. Zum zweiten möchte ich diejenigen unter Ihnen, die genauer verstehen wollen, was ich hier vorstelle, bitten, die minimalen Grundlagen meines Denkens zur Kenntnis zu*

2 [DEA steht für *Diplôme d'études approfondies*; es handelt sich um das erste Studienjahr auf dem Weg zur Doktorarbeit in Frankreich; A. d. Ü.]

nehmen und, speziell für das Thema dieses Jahres, bestimmte Artikel aus dem Vokabular der Psychoanalyse *(Laplanche & Pontalis, 1972 [1967]), sie sind zwar schon länger publiziert, haben aber nichts von ihrer Gültigkeit verloren; außerdem noch zwei kleine Bücher: das schon etwas ältere* Leben und Tod in der Psychoanalyse *und* Neue Grundlagen für die Psychoanalyse, *das seit zwei Jahren vorliegt und von dem meine aktuellen Ausführungen ausgehen.*

Ein dritter Gesichtspunkt berührt das Thema selbst und hat mit meinem Verhältnis zu diesem Thema zu tun, nämlich zu der Zeit, zu der Zeit des Denkens; ich begreife die Denkarbeit wie jede Arbeit nicht als eine Bewegung, die dem Zeitpfeil folgt – wir werden bei dieser Gelegenheit wiederholt auf diese Idee vom »Zeitpfeil« zurückkommen. Die Bewegung des Denkens verläuft nämlich nicht geradlinig wie die eines Pfeiles. Sondern sie folgt einer Figur, die ich »Spirale« nenne, die aber in Wahrheit eine Helix ist.

Damit will ich sagen, dass das menschliche Leben insgesamt, und insbesondere die Bewegung des Denkens, weder linear voranschreitet, indem es permanent von einem Punkt zum nächsten geht, noch kreisförmig, indem es zwangsläufig ununterbrochen die gleichen Abläufe wiederholt. Die Bewegung einer Spirale entfernt sich unaufhörlich von einem Pol und durchläuft doch zugleich die Vertikale immer wieder an den gleichen Punkten. Wir durchlaufen die gleiche Vertikale, wir nehmen also die gleichen Themen wieder auf, und zwar hoffentlich auf einer anderen, einer höheren Ebene.

Was ich hier vortrage, ist also nicht vollkommen neu, damit will ich sagen, dass ich, wie jeder andere auch, zu meinem Erstaunen einmal mehr wiederhole, was ich bereits gesagt habe, nur eben ganz anders.

Verführungstheorien und Zeittheorie

Ich habe Sie gebeten, sich die Mühe zu machen, insbesondere das Buch *Neue Grundlagen für die Psychoanalyse* zur Kenntnis zu nehmen. Es entwickelt die von mir so genannte »Allgemeine Verführungstheorie«, von der meine Ausführungen und Überlegungen seit drei Jahren ausgehen; man könnte sie auch »Elemente für eine Philosophie der Zeit« nennen. Elemente für eine Philosophie der Zeit ausgehend von der »Allgemeinen Verführungstheorie«. Auf Deutsch würde man von *Bausteinen** sprechen, von »Bausteinen« [pierres de construction] für eine Philosophie der Zeit.

Warum über die Zeit bzw. warum ausgehend von der »Allgemeinen Verführungstheorie« über die Zeit sprechen? Nun, weil es meiner Meinung nach eine enge Beziehung zwischen diesen beiden Themen gibt. Die Verführungstheorie ist ein Denken der Zeit. Sie ist, wenn Sie mir diesen Neologismus erlauben, ein »übersetzerisches« Denken der Zeit. Sie führt, zumindest sollte sie das, zu einem neuen Denken der Zeit, zu einer neuen Philosophie der Zeit. Wenn ich hier von Zeit spreche, dann im Wesentlichen von der individuellen menschlichen Zeit, die ich natürlich in Bezug setze zu anderen Zeitformen, der kosmologischen Zeit, der biologischen Zeit oder auch der historischen Zeit. Ich spreche von der menschlichen Zeit, der Zeit des menschlichen Individuums, der Verzeitlichung des menschlichen Seins. Das menschliche Sein verzeitlicht sich in dem Sinne, wie dies bei Heidegger zu finden ist, im gleichen Feld, das auch Heidegger befragt, allerdings aus einer ganz anderen Perspektive.

Ich hatte zunächst als allgemeinen Titel der diesjährigen Vorlesung »Die Zeit und der Andere« vorgeschlagen.[3] Einen Titel sagt man so dahin, man fängt damit an, und dann folgt etwas daraus oder auch nicht. Was ich Ihnen sagen möchte, versuche ich Ihnen hier als These zu formulieren, auch wenn ich diese These im Moment noch nicht weiter ausführen werde. *Der Mensch*, behaupte ich, *verzeitlicht sich, weil – und insofern – er immer schon in einer ursprünglichen Beziehung zum Anderen steht*. Eine genuin psychoanalytische Philosophie der Zeit muss in diese ursprüngliche Beziehung zum Anderen münden, natürlich zum Anderen der Verführung, zum Anderen, der dem Menschen von Anfang an seine rätselhaften Botschaften injiziert. Man kann es auch anders formulieren: Beim Menschen ist die Beziehung zum Anderen der Antrieb für die Verzeitlichung. Aber um es ganz deutlich zu sagen: Es geht hier nicht um einen abstrakten Anderen. Die Frage des, wie bei Lacan, groß geschriebenen Anderen steht hier nicht zur Debatte. Vielmehr geht es in der Theorie der Urverführung ganz konkret um den »Anderen«, der für das Kind der Erwachsene ist; wobei man diesen »Anderen« gerne auch »transzendent« nennen kann, insofern er rätselhafte Botschaften liefert – rätselhaft für Empfänger *und* Sender.

Diese These zum Thema »Die Zeit und der Andere« möchte ich somit als eine Art Motto voranstellen, das hier noch nicht entfaltet werden kann, sondern das erst im Laufe der Vorlesung verständlicher werden wird.

3 Ich habe dann denselben Titel bei einem kleinen Buch von Emmanuel Levinas gefunden, aber die Ideen sind sehr unterschiedlich. Um das Problem, wer früher war, zu umgehen, habe ich auf diesen Titel verzichtet.

Genauer gesagt, werden sich meine Ausführungen im Rahmen dieser Arbeit über die Zeit – und auch hier zeigt sich eine spiralförmige Bewegung – auf etwas beziehen, worüber ich schon mehrfach gesprochen habe, und das ich hier wieder aufnehmen und präzisieren möchte, nämlich den Begriff der Nachträglichkeit. Ein möglicher Titel wäre: »Die *Nachträglichkeit** im après-coup«.

Nachträglichkeit in der Geschichte des Begriffs

Was will ich damit sagen? Es geht mir ganz gewiss nicht um ein Wortspiel um seiner selbst willen. »Après-coup« ist die gängige französische Übersetzung für *Nachträglichkeit**. Es geht auch nicht um den »après-coup im après-coup«, das wäre im Französischen eine Tautologie, sondern um Freuds »*Nachträglichkeit*«* in der Bewegung der Nachträglichkeit. Dieser Titel soll zwei Dinge herausgreifen: zunächst einmal, dass die Geschichte des Begriffes »*Nachträglichkeit*«* von der *Nachträglichkeit** selbst nicht zu trennen ist, das heißt, dass sie sich, wie jede Geschichte eines Begriffes, in der Nachträglichkeit abspielt. Sie situiert sich in vielfacher Hinsicht in der Nachträglichkeit. Die Geschichte der *Nachträglichkeit** seit Freud, von den Anfängen bei Freud bis heute, ist sozusagen das beste Beispiel für *Nachträglichkeit**. Freud hat einmal in einer durch und durch hegelianischen Formulierung gesagt: »Das Beispiel ist die Sache selbst.« Nun, die Geschichte des Begriffes der *Nachträglichkeit* wird von der *Nachträglichkeit** selbst bewohnt und beseelt, wie Sie im Laufe meiner Ausführungen sehen werden.

Andererseits ist mein Titel zweisprachig. Anstatt von »l'après-coup dans l'après-coup« spreche ich von » la *Nachträglichkeit** dans l'après-coup«. Dass ich zwei Sprachen benutze, weist darauf hin, dass die Übersetzung in dieser Geschichte der *Nachträglichkeit** eine wesentliche Funktion einnimmt. Die Nachträglichkeit der Geschichte der *Nachträglichkeit** ist von ihren Übersetzungen nicht zu trennen; und hier geht es nicht nur um die Übersetzung des Wortes, sondern auch um die Übersetzung des Denkens.

Die Behauptung, dass die *Nachträglichkeit** ein Freud'scher Begriff ist, muss man in Anführungszeichen setzen, das gilt sowohl für »Begriff« als auch für »Freud'scher«. »Begriff« in Anführungszeichen, weil er sich, wie die meisten wichtigen Begriffe, erst im Laufe der Geschichte, also in dieser berühmten Nachträglichkeit, als Begriff herausschält. Und ist er freudianisch? Er ist vorfreudianisch und in hohem Maße postfreudianisch, insofern wir, in übrigens ganz unterschiedlicher Weise, mit diesem Freud'schen Denken nachträglich umgehen. Bei Freud, also in seinem Werk selbst, sind jedoch *nachträglich** und *Nachträglichkeit** durch und durch mit einer komplizierten Geschichte verknüpft; einer Geschichte mit zeitweisen Verdunklungen, mit *Fading-Effekten*, mit Momenten, in denen das Konzept ausgelöscht ist und anderen, in denen es dann wieder aufleuchtet. Man kann all diese Momente des Wiederauftauchens fürs Erste in etwa parallel setzen zum Wiederauf- und Abtauchen der Verführungstheorie selbst. Wobei es, wie Sie gleich sehen werden, nicht ganz so einfach ist, wenn man genau hinschaut. Und wir werden versuchen, ziemlich genau hinzuschauen.

Verdunklungen des Begriffs

Kommen wir also zur Verdunklung. Fast völlig verdunkelt bis hin zu seinem nahezu vollständigen Verschwinden wird der Begriff der *Nachträglichkeit** zumindest in der deutschen Ausgabe der *Gesammelten Werke* Freuds, und dort vor allem im Index, insbesondere im Index von Band I und Band II/III sowie im allgemeinen Index, der ja sehr spärlich ausfällt. Die englische Ausgabe, die *Standard Edition*, macht es in ihrem Index auch nicht besser. Dies hat entscheidend damit zu tun, dass Begriffe nur dann in den Begriffsindex kommen können, wenn sie vorher im Denken erkannt worden sind. Die neue französische Ausgabe, die *Œuvres complètes Françaises de Psychanalyse*, versucht diese Lücken zu schließen, was es zunächst einmal notwendig macht, einen Überblick über die Begriffszusammenhänge zu erarbeiten, den eine einfache computergestützte Suche oder Auswahl der Ausdrücke nicht leisten könnte.

Ich schließe diese Klammer und komme zurück auf diese Art von Verdunklung oder auch Skotomisierung von *nachträglich** und *Nachträglichkeit** in den verschiedenen Indexen, selbst in den deutschen. Für ein solches Skotomisieren sind freilich nicht allein die Herausgeber verantwortlich zu machen. Es geht auf Freud selbst zurück, nicht positiv, sondern negativ; denn er hat den Begriff zwar nicht gestrichen, aber auch nichts dafür getan, um ihn herauszustellen. Ich kann mir vorstellen, dass Freud, wenn er gebeten worden wäre, für seine *Gesammelten Werke* einen Begriffsindex zu entwerfen, die *Nachträglichkeit** erst sehr, sehr spät, erst nach vielen anderen, genannt hätte; zumindest in der letzten Phase seines Denkens. Es soll wohl, wie ich gehört habe – ich möchte dies gerne überprüfen, habe aber den Text nicht vorliegen –, einen Briefwechsel mit Ferenczi darüber geben, das heißt Ferenczi soll eine Frage zur Nachträglichkeit gestellt haben.

Seine Wiederbelebung in Frankreich

Die erste und die wichtigste »Nachträglichkeit« der *Nachträglichkeit** findet jedenfalls in Frankreich statt. Diese Nachträglichkeit ist zugleich eine Nachträglichkeit der Übersetzung, und das ist wirklich aufschlussreich. Der Autor, der diese Nachträglichkeit eröffnet, ist Lacan. Wie so oft trifft er mit seinem sicheren Kennerblick einen entscheidenden Punkt, und zwar in seiner »Rom-Rede«, die er im September 1953 hält (vgl. Lacan, 2016 [1953]) – und die Frage des Zeitpunkts ist durchaus interessant in einer Denkbewegung, die wie die vorliegende geschichtlich ist, auch wenn sie dialektisch skandiert ist. Es ist also schon eine ganze Weile her. Und dann kommt die zweite, wieder eine französische, zunächst auf Laplanche und Pontalis und dann auf Laplanche allein zurückgehende Skandierung in einigen Texten, die alle mehr als zehn Jahre nach 1953 erschienen sind und deren Eckdaten ich Ihnen zunächst einmal geben möchte: der Text von Laplanche und Pontalis über die *Urphantasien* (1992 [1964]), das *Vokabular der Psychoanalyse* mit dem Artikel über »Nachträglichkeit« und einigen anderen Einträgen, die darauf Bezug nehmen (1972 [1967]), und schließlich *Leben und Tod in der Psychoanalyse* (2014 [1970]). Diese Begriffsarbeit – und diese Nachträglichkeit von Laplanche und Pontalis ist etwas ganz anderes als die von Lacan – führt dazu, dass *nachträglich** hier in die Gesamtheit der mit diesem Begriff verbundenen, ja ihn sozusagen »nährenden« ursprünglichen Begriffe, das heißt in die Verführungstheorie eingegliedert wird, was Lacan letztlich überhaupt nicht tut.

Man sollte gleichwohl daran erinnern, dass der Index der *Gesammelten Werke**, wie ich gerade sagte, spärlich ausfällt; schließlich stammt er von 1968 (die *Gesammelten Werke* auf Deutsch sind zwischen 1940 und 1952 erschienen). Sie sehen, dass Lacans »Rom-Rede« zu diesem Zeitpunkt international nicht den geringsten Einfluss auf die Bewegung des psychoanalytischen Denkens oder auf das Verständnis Freuds ausgeübt hat – übrigens genauso wenig wie die Einträge von Laplanche und Pontalis. Es ist nicht ganz falsch zu behaupten, dass die Rückkehr zu Freud eine französische Angelegenheit war.

Bei Lacan mit Heidegger

Ich werde Ihnen jetzt diesen Text von Lacan wiedergeben und versuchen, ihn für Sie zu kommentieren; er ist sehr interessant in dem, was er sieht und voranbringt, aber genauso interessant in dem, was an ihm kritisierbar erscheint. Es handelt sich um einen Text über die Wahrheit, über die Wahrheit der Anamnese, über die historische Wahrheit in der Geschichte des Patienten und natürlich auch über die Wahrheit, wie sie sich in seiner Geschichte und in der Behandlung zu erkennen gibt. Ich lese Ihnen einige Sätze aus Lacans *Schriften I* (Lacan, 2016 [1953]) vor. Sie finden die Passage im Aufsatz »Funktion und Feld des Sprechens und der Sprache in der Psychoanalyse«.

Wie Sie gleich sehen werden, wird das *nachträglich** erst im Laufe des Textes sozusagen »nachträglich« auftauchen. Ich gehe nicht sofort zu dieser Textstelle und zum Problem der Übersetzung.

> »Deshalb hat die Bedingung einer Kontinuität in der Anamnese, woran Freud die Integrität der Heilung bemisst, nichts zu tun mit dem Bergson'schen Mythos einer Wiederherstellung der Dauer [...] [Lacan war nie sehr bergsonianisch, manchmal vielleicht zurecht, manchmal ein wenig zu unrecht; jedenfalls war es in Frankreich zu dieser Zeit üblich, leidenschaftlich anti-bergsonianisch zu sein; heute ist man es vielleicht etwas weniger; J. L.] Seien wir kategorisch, es handelt sich in der psychoanalytischen Anamnese nicht um Wirklichkeit, sondern um Wahrheit, weil es die Wirkung eines vollen Sprechens ist, die vergangenen Zufälligkeiten neu zu ordnen, indem es ihnen den Sinn zukünftiger Notwendigkeiten gibt, so wie das Wenige an Freiheit sie konstituiert, wodurch das Subjekt sie gegenwärtig macht« (Lacan, 2016 [1953], S. 301f.).

Es ist offensichtlich, dass dieser Text wohldurchdacht ist, denn schließlich findet man in ihm Heideggers drei zeitliche »Ek-stasen«: Vergangenheit, Gegenwart, Zukunft. Dies weist ihn als einen mit dem Heidegger'schen Denken zutiefst verwandten Text aus, und sicher erfassen Sie die Würze dieses letzten Zitatabschnitts:

> »die *vergangenen* Zufälligkeiten neu zu ordnen, indem es [das volle Sprechen; A. d. Ü.] ihnen den Sinn *zukünftiger* Notwendigkeiten gibt, so wie das Wenige an Freiheit sie konstituiert, wodurch das Subjekt sie *gegenwärtig* macht« (ebd., S. 301f. [Kursivierung von Laplanche; A. d. Ü.]).

Nun, die Sequenz ist wohldurchdacht, aber das Amüsante ist die Umkehrung, die Lacan in Bezug auf die Termini Vergangenheit und Zukunft vornimmt, dass nämlich die Kontingenz, die üblicherweise auf der Seite der Zukunft steht, hier auf die Seite der Vergangenheit rutscht, während die Zukunft auf der Seite der Notwendigkeit steht. Ich habe Heidegger bereits erwähnt. Hier spürt man die Nähe zu ihm: Die zukünftige »Notwendigkeit« ist bei Heidegger, das wissen Sie, letztendlich »das Sein zum Tode«. Und die Vergangenheit wird nicht als notwendig angesehen, sondern als etwas betrachtet, das Umarbeitungen unterworfen ist.

Im Folgenden geht es dann um den »Wolfsmann«, und hier wird Lacan das *nachträglich** entdecken. Ich lese:

> »Die Mäander der Untersuchung, die Freud in der Darstellung des Falls des ›Wolfsmanns‹ verfolgt, bestätigen diese Äußerungen, weil sie darin ihren vollen Sinn annehmen. Freud verlangt eine vollständige Objektivierung des Beweises, so lange es darum geht, die Urszene zu datieren, […]« (ebd., S. 302).

Diejenigen von Ihnen, die den »Wolfsmann« gelesen haben, wissen, dass Freud in der Tat unter anderem das Ziel verfolgt, die berühmte Urszene auf den Monat und gegebenenfalls auf das Jahr genau zu datieren. Damit will ich sagen, dass Freud wiederholt in Bezug auf den Monat sicherer ist als in Bezug auf das Jahr, weil er zwar den Monat bestimmen kann, ihm aber in Bezug auf das Jahr Zweifel bleiben: Freud ist sich sicher, dass sich eine Szene an Weihnachten abspielt, beinahe auf den Tag genau, aber er ist sich nicht sicher, in welchem Jahr, da sich ja Weihnachten jedes Jahr wiederholt. Dieses Bemühen um die richtige Datierung finden Sie tatsächlich im Text vom »Wolfsmann« wieder, den sie nun in der treuen Übersetzung der *Œuvres complètes*, Band XIII zur Verfügung haben. Ich zitiere jetzt noch einmal Lacan:

> »Freud verlangt eine vollständige Objektivierung des Beweises, so lange es darum geht, die Urzene zu datieren, aber er nimmt ohne Weiteres all die Resubjektivierungen des Ereignisses an, die ihm notwendig erscheinen, um seine Wirkungen bei jeder Wende zu erklären, in der das Subjekt sich restrukturiert [beachten Sie die Ausdrücke Resubjektivierung und Restrukturierung; J. L.], das heißt ebenso viele Restrukturierungen des Ereignisses, die sich, wie er sich ausdrückt, *nachträglich** [après-coup] vollziehen« (ebd.).

Hier wird es also eingeführt, entdeckt bei Freud, wiederentdeckt nach Freud, der es zweifellos in gewisser Weise selbst wiederentdeckt, hier durch Lacan bei Freud wiederentdeckt: das *nachträglich**, für das er die von uns nicht veränderte Übersetzung »après-coup« vorschlägt, und zwar im »Wolfsmann«. Lacan stützt sich damit im Vergleich zu den Texten, über die wir bald Gelegenheit haben werden zu sprechen, auf einen späten Text, nämlich auf einen Text von 1917, der sich selbst in der *Nachträglichkeit**, im après-coup des Freud'schen Denkens befindet. Die Fußnote Lacans zur Textstelle der zitierten Freud-Passage merkt an: »schwache Übersetzung des Ausdrucks« (ebd., S. 302, Anm. 8). Lacan selbst sieht also in »après-coup« eine schwache Übersetzung von *nachträglich**; der Übersetzung würde es an Schärfe fehlen, ihr würde es vielleicht nicht gelingen, *nachträglich** wirklich ganz zu erfassen. Ich bin nicht dieser Meinung. Ich werde gleich darauf zurückkommen.

Ich fahre fort:

> »Mehr noch, mit einer ans Dreiste grenzenden Kühnheit erklärt er [Freud; A. d. Ü.], er halte es für legitim, in der Analyse der Vorgänge die Zeitintervalle zu elidieren, in denen das Ereignis im Subjekt latent bleibt« (ebd.).

Dies ist nun eine Interpretation Lacans. Um das zu sehen, müssen Sie sich allerdings den Text anschauen, auf den er sich bezieht. Es ist wahr, dass Freud sich in dieser Geschichte viel mehr für die Wendepunkte als für die Latenzzeiten interessiert, obwohl doch im *nachträglich** eben noch dunkle Stellen plötzlich hell leuchten. Hier bezieht sich Lacan explizit auf seinen im selben Band der *Schriften* erschienen Artikel »Die logische Zeit und die vorweggenommene Gewissheitsbehauptung« (Lacan, 2016 [1949], S. 231–251), um vielleicht ungerechtfertigterweise den Akzent auf die »Momente des Schließens« (ebd., S. 302) zu legen im Gegensatz zu dem, was für uns das Eigentliche der Analyse ausmacht: »die Zeit, um zu verstehen« (ebd.). Auch darin bleibt er Heidegger und dem, was dieser eine felsenfeste Überzeugung nennt, sehr nah. Lacan schlussfolgert dann: »Eben dieses Auf-sich-Nehmen seiner Geschichte durch das Subjekt« (ebd.) – Ausdrücke, die offenkundig in Lacans Denken natürlich älteren Datums sind.[4] Zu Zeiten des Mathems hätte er nicht mehr so gesprochen ...

4 [Lacan verwendet für dieses Auf-sich-Nehmen im Französischen den Ausdruck *assomption*, der auch »Mariä Himmelfahrt« bedeutet; A. d. Ü.]

> »Eben dieses Auf-sich-Nehmen seiner Geschichte durch das Subjekt, insofern es durch das an den anderen gerichtete Sprechen konstituiert wird, bildet den Boden der neuen Methode, der Freud den Namen Psychoanalyse gibt [...]« (ebd.).

Es ist also das »an den Anderen gerichtete Sprechen«, das, was Lacan kurz vorher das volle Sprechen nannte, das es dem Subjekt in Momenten des Nachdenkens, Schlussfolgerns und Neuordnens erlaubt, vergangene Kontingenzen neu zu strukturieren und neu zu ordnen. Diese Ausdrücke werfen natürlich Fragen auf. Es ist dies eine von Heidegger inspirierte Philosophie, die wir gut und gerne – ohne dem Wort Zwang antun zu wollen – hermeneutisch nennen können, die aber in gewisser Weise auch ein Ricœur anerkennen würde, das gilt auch für seine jüngsten Ausführungen über »Zeit und Erzählung«. In dieser Philosophie spielt das Sprechen eine wesentliche Rolle – und mit Lacans »Rom-Rede« ist das natürlich nicht anders zu erwarten; aber beachten Sie, dass es ein *an den anderen* gerichtetes Sprechen ist, und nicht ein Sprechen, das *vom anderen* kommt. (Es gibt hier also keinen rätselhaften Signifikanten.) Grundlegend und wesentlich ist sicher die Idee einer heterogenen Zeit: Ihr ist ein Begriff wie der der Spirale in gewisser Weise nicht fremd; denn hier gibt es den Begriff von einer Zeit, die nicht linear, sondern zyklisch verläuft, mit partiellen Verdunklungen und hell erleuchtenden Momenten. Und es gibt somit ein Denken, das sich abspielt zwischen einer Vergangenheit in ihrer reinen Faktizität und Zufälligkeit und der Sinngebung, die diese Vergangenheit erfährt, einer rückwärts gerichteten Sinnkonstruktion, mit dem Ziel, *die Vergangenheit in ihrer Faktizität neu zu ordnen*. Das ist nicht alles, was man über das Lacan'sche Denken der Geschichtlichkeit und auch über Freud sagen kann, das möchte ich betonen und ich habe es ja auch schon angemerkt. Lacan beleuchtet hier blitzartig einen einzigen Moment des Freud'schen Denkens, den man im »Wolfsmann« findet. Meiner Meinung nach hat er immer zu wenig Aufmerksamkeit auf die Texte von 1895 bis 1897, auf die ersten Freud'schen Texte, gerichtet. Natürlich hat er punktuell die *Briefe an Fließ*, den »Entwurf« etc. zitiert. Aber bei Lacan fehlt, was ich immer bedauert habe – besonders in der Zeit, in der Pontalis und ich angefangen haben, dieses Denken zu entwickeln –, es fehlt ihm einfach an Wissen (und noch mehr an einem Nachdenken) über die »Verführungstheorie«. Die Verführungstheorie gibt es nicht im Lacan'schen Zugang zu Freud, zumindest nicht auf den ersten Blick, und dies ist aus meiner Sicht eine große Lücke. Durch diese Lücke entsteht in diesem Text das Dilemma, das zu einer »schrecklichen Debatte« zwischen einem Hermeneutiker auf der einen Seite und einem Szientisten auf der anderen Seite führen würde.[5] Gibt es Notwendigkeit des Vergangenen und Kontingenz des Zukünftigen, gibt es somit einen absoluten Determinismus der individuellen Geschichte? Oder ist es nicht umgekehrt die Zukunft, die die Kontingenzen der Vergangenheit völlig neu strukturiert? In gewisser Weise befindet sich ein Text wie dieser in einer Sackgasse, die ich versuchen werde, im Laufe dieser Entfaltung des *nachträglich** von unterschiedlichen Seiten aus aufzubrechen. Diese Sackgasse besteht in dem Dilemma zwischen der *nackten Realität* und der (letztlich) *ausschließlich rückwärtsgewandten* Interpretation [interprétation *rétroactive*].

Freuds Wörter

Stellt Freuds *nachträglich** eine Lösung dar oder nicht? – Jetzt endlich komme ich darauf zu sprechen. Ich beginne damit, Ihnen etwas über die Wörter zu sagen. Natürlich werde ich nicht dabei stehen bleiben. Wir sind hier schließlich nicht im Deutschkurs. Aber ich muss erst einmal bei diesen Wörtern verweilen, die dort auf der Tafel stehen und die in dieser Geschichte ein beachtliches Gewicht haben. Aus den deutschen Wörtern, die ich hier aufgeschrieben habe, kann, wie aus den meisten deutschen Wörtern, eine beachtliche Zahl an Wörtern gleicher Wurzel gebildet werden. Deshalb zu sagen, dass das Deutsche reicher ist als das Französische, ist aber eine Art Schwärmerei, die mir unangebracht erscheint. Manchmal ist es reicher, manchmal ist es ärmer. Manchmal hat das Deutsche Schwierigkeiten eine Nuance des Französischen wiederzugeben und umgekehrt: Das ist nicht die Frage. Aber sicher ist, dass in der deutschen Sprache ausgehend von ein und derselben Wurzel Ableitungen möglich sind, die im Französischen sehr viel schwieriger zu bilden sind.

Unser Ausgangspunkt ist das Verb *tragen**, mit dem die Idee von Bewegung einhergeht. Sei es eine wirkliche Bewegung, sei es eine noch räumliche, aber schon mehr metaphorische Bewegung wie etwa da, wo man von »Trag- oder Reichweite« [la portée] spricht; wie etwa die Trag- oder Reichweite einer Waffe oder eines Gedankens: ein Gedanke, der weit geht, *weit trägt**.

5 Vgl. »Deutung zwischen Determinismus und Hermeneutik. Eine neue Fragestellung« in Laplanche (2005 [1992], S. 142–176).

Mit dem Verb *nachtragen** kommt zu dieser Idee der Trag- oder Reichweite die Vorsilbe *nach**, was soviel wie »dahinter« und »anschließend« heißt, aber genauso gut eventuell, »rückwärts«. Folgerichtig nennen die Wörterbücher drei Bedeutungen des Verbs *nachtragen**, wobei ich aber gleich dazu sagen will, dass das Verb *nachtragen** meines Wissens selten und bei Freud kaum oder gar nicht belegt ist. Zumindest ist es mir nie begegnet. Es sind also drei belegte Bedeutungen (und zum Glück gibt es nicht mehr, denn dann würde man sich schwertun, eine gewisse Kontinuität in den Übersetzungen zu wahren). Alle drei Bedeutungen werden sowohl mit einem direkten Objekt konstruiert – *etwas tragen** – und mit einer Umstandsangabe des Ortes oder der Zeit, die rückwärts oder später bedeutet.

> *jemandem (oder einer Sache) etwas nachtragen**
> was soviel bedeutet wie: »etwas hinter jemandem hertragen«

Von daher die drei Bedeutungen,

1. die sehr wörtliche Bedeutung: »etwas hinter jemandem tragen«

Komplexer sind die zweite und die dritte Bedeutung:

2. »etwas später zu etwas hinzufügen«: Gemeint wäre hier etwa eine ergänzende Anmerkung, ein Addendum, in einem Buch hinzufügen. So heißt der XVIII. Band der *Gesammelten Werke** von Freud *Nachtragsband**; hierbei handelt es sich um Aufsätze, die nicht in der chronologischen Reihenfolge veröffentlicht worden sind, sondern »nachträglich« hinzugefügt worden sind.
3. Interessant ist schließlich die dritte Bedeutung: *jemandem etwas nachtragen** – »jemandem etwas hinterhertragen« wird zu »Groll gegen jemanden hegen«.

Behalten Sie dabei jedoch bitte der Einfachheit halber möglichst den »Zeitpfeil« (*the arrow of time*, sagen die englischsprachigen Philosophen) im Kopf. Dieser geht vom Vergangenen in die Zukunft, im Unterschied zur Seine, die unter der Mirabeau-Brücke eher von der Gegenwart in die Vergangenheit fließt.[6] Sie merken, dass die Spiele mit »nachtra-

6 [Anspielung auf das in Frankreich sehr bekannte und mehrfach vertonte Gedicht *Le pont Mirabeau* (1913) von Guillaume Apollinaire; A. d. Ü.]

gen«* äußerst mehrdeutig sind. Mein Groll, meine Rachegelüste, weisen ohne Frage in die umgekehrte Pfeilrichtung, sie binden mich an die vergangene Beleidigung: Doch die *Quelle* ist hier tatsächlich in der Vergangenheit. Genauso sind es im Nachtragsband vergessene Texte, die aus der Vergangenheit kommen; doch deren Veröffentlichung, auch wenn sie später kommt, verändert die Konstellation dessen, was vorher war. Ein Zusatz verändert rückwirkend das Ganze der Texte, in die er eingefügt wurde.

Und dann haben wir den zentralen Ausdruck *nachträglich**, zugleich Adjektiv und Adverb, und schließlich das letztlich sehr seltene Substantiv, den »Begriff« *Nachträglichkeit**.

*

Frage aus dem Publikum
Warum sprechen Sie von einer Philosophie der Zeit?

Antwort
Um es ganz klar zu sagen. Es gibt keine Psychoanalyse der Zeit, und dieser Ausdruck hätte auch überhaupt keinen Sinn. Doch es gibt wichtige psychoanalytische Beiträge, die jede Konzeption der Zeit erschüttern. Handelt es sich dabei um eine »Philosophie«? Meiner Meinung nach kommt es weniger auf den Ausdruck an, sondern auf das, was damit gemeint ist. Was ich zu tun versuche, versteht sich nicht als eine *Fortsetzung* dessen, was Heidegger macht, sondern als Bearbeitung desselben Feldes, nämlich des Feldes, das in *Sein und Zeit* bearbeitet wird. Aber natürlich gehe ich von anderen Grundlagen aus und nehme eine andere Perspektive ein.

Es ist die Perspektive des besonderen *menschlichen Seins*, und nicht die des Seins im Allgemeinen. Es ist keine ontologische, sondern eine anthropologische Philosophie. Nicht im Sinn der Anthropologie der »Anthropologen« (die richtiger »Ethnologie« zu nennen wäre), sondern in dem Sinne, den das Wort zum Beispiel bei Kant hat: ein Denken der eigentlichsten Grundlagen des Menschen. Eine dieser Grundlagen, vielleicht die wesentliche, besteht darin, dass das kleine Menschenwesen in eine Welt von Erwachsenen eintritt. Ist das eine kontingente Tatsache? Oder ist es eine »Universalie« des Menschseins? Und in diesem Fall ist es schon angebracht, diese »anthropologische Grundsituation« auf angemessene Weise zu beschreiben.

12. Dezember 1989

Das Wort *nachträglich* auf dem Prüfstand der französischen Übersetzung

Ich fahre also damit fort, *nachträglich** nachträglich zu rekapitulieren. Und bleibe erst einmal weiterhin einfach bei den Wörtern. Neben dem Verb *nachtragen** gibt es also *nachträglich**, das sowohl ein Adjektiv als auch ein Adverb sein kann. Auf den ersten Blick kann es einfach mit *ultérieurement* »im Nachhinein«, *ensuite* »anschließend/danach« oder *postérieurement* »später« übersetzt werden; die Wörterbücher geben als Äquivalente *später, späterfolgend** an, ohne offenbar die Idee eines Zurückgehens zu erwähnen. Ich erinnere an meinen Hinweis auf den »Zeitpfeil«, den ich von nun an in den Mittelpunkt rücke; wir sagen: von der Vergangenheit in die Zukunft.

Freud verwendet oft den Ausdruck *»nachträglicher Gehorsam«**, zum Beispiel gehorcht man nachträglich dem verstorbenen Vater, genau genommen gehorcht man dem Überich als Ersatz des Vaters usw. Es wäre interessant zu erfahren – ich weiß das nicht, vielleicht weiß es jemand –, warum Freud diese Wörter in Anführungsstriche setzt, als ob es sich um einen entlehnten, nur übernommenen Ausdruck handelt. Ob von ihm selbst entlehnt, weiß ich nicht, ich denke aber nicht; vielleicht eher dem Bereich der »posthypnotischen Suggestion« entlehnt. Sie wissen vielleicht, dass man in den Erfahrungen der posthypnotischen Suggestion dem Subjekt unter Hypnose einen bestimmten Befehl erteilt, und, sobald es aus der Hypnose erwacht, »gehorcht es diesem Befehl nachträglich«. *Nachträglicher Gehorsam** könnte also diesem technischen Vokabular entstammen.

Tatsächlich sehen Sie bereits an diesem Ausdruck, dass eine Nuance verloren ginge, wenn man ihn als *»später«, »späterer Gehorsam«**, also als »Gehorsam im Nachhinein« übersetzen würde. Sie merken, dass ein späteres Gehorchen nicht dasselbe ist wie ein nachträgliches Gehorchen. Das nachträgliche Gehorchen setzt voraus, dass das Vergangene wieder vergegenwärtigt wird, und setzt umgekehrt voraus, dass sich das Subjekt wieder in die vergangene Situation zurückversetzt. Im Unterschied zu einem einfachen *später** gibt es hier etwas anderes: nämlich eine diskontinuierliche Zeit, auf die wir bereits das letzte Mal bei Lacan gestoßen waren, eine Zeit mit Sprüngen oder Schlägen [des coups ou des à-coups], wie dies im Terminus »après-coup« zum Ausdruck kommt. Außerdem sind es Schläge, die an jemanden herangetragen, jemandem *verpasst* werden [porter des coups à qn.: »jdm. Schläge verpassen«; A. d. Ü.], wie das Verb *»tragen«** in *»nachtragen«** nahelegt. Also eine Zeit mit Schlägen [coups portés], die auf der anderen Seite aber durch Latenzzeiten unterbrochen ist. Hier sehen Sie, welch große Bedeutung der französischen Übersetzung zukommt, und nicht nur der französischen Entdeckung; oder, um es genauer zu sagen, die französische Entdeckung und die Übersetzung sind bei diesem Thema der Nachträglichkeit [après-coup] ein und derselbe »Coup«. Die Übersetzung war hier eine Art Entwicklerbad, sie hat, nach einem von Antoine Berman geprägten überaus geglückten Ausdruck für das Übersetzen, wie eine »Prüfung des Fremden« oder ein »Sich-Beweisen-im-Fremden« [l'épreuve de l'étranger] fungiert (vgl. Berman, 1984). Das Denken setzt sich der Prüfung des Fremden aus, damit meine ich hier »das Fremde« des Freud'schen Denkens, und umgekehrt setzt sich das Denken Freuds im Übergang zur französischen Sprache der Prüfung durch das Fremde aus; diese Prüfung findet natürlich nie ohne Verschiebungen, aber auch nie ohne Enthüllungen statt, denn dt. *»tragen«** wie in *nachträglich* ist nicht wirklich dasselbe wie das »coup« des Französischen »après-coup«.

Nun, Sie sehen die Verwandtschaft, die zwischen diesen beiden Ausdrücken besteht; und dass »après-coup« im Französischen keine so schwache Übersetzung ist, denn das französische »après-coup« weist wie *nachträglich** im Deutschen unauflöslich in die beiden Richtungen des Zeitpfeils: Man kann sagen, dass ein Gerüst »nachträglich« in sich zusammengebrochen ist. Sie sehen sehr wohl, dass wir damit etwas ganz anderes sagen als, wenn wir sagen, dass »das Gerüst anschließend [ensuite] in sich zusammengebrochen ist«. Ebenso ist »er hat sein Buch nachträglich überarbeitet« in der Tat etwas ganz anderes als »er hat sein Buch anschließend überarbeitet«. Ich habe »nachträglich« verstanden, was passiert ist: Hier bekommt das Ereignis selbst eine ganz andere Bedeutung. Wir werden gezwungenermaßen beim Problem der Übersetzung bleiben, vielleicht nicht nur in der technischen Erläuterung von Nachträglichkeit, sondern in allen Vorlesungen dieses Studienjahres.

In dieser Frage zwischen Deutsch und Französisch ist die einzige Schwäche des Französischen vielleicht, dass es nur das Adverb oder den adverbialen Ausdruck »après-coup« zur Verfügung hat, und eventuell das Adjektiv, denn man kann das Adverb »après-coup« sehr gut adjektivisch gebrauchen. »Obéissance après-coup« für »nachträglicher Gehorsam« funktioniert sehr gut. Aber auf der anderen Seite haben wir im Deutschen das Substantiv *Nachträglichkeit**, natürlich mit einem großen N und dem Suffix *-keit**, das eine mögliche Substantivbildung im Deutschen darstellt. Freud hätte auch *das Nachträgliche** sagen können, also »das, was nachträglich kommt«, aber mit *die Nachträglichkeit** haben wir eine Art Ableitung, durch die ein unabhängiges Substantiv, ja letztlich ein Begriff gebildet wird. Hat nun also Freud diese *»Nachträglichkeit«** geschaffen oder nicht? Ich würde sagen, dass das wohl kaum eine sinnvolle Frage ist, denn das Deutsche hat hier alle Möglichkeiten. Nichtsdestotrotz sind substantivische Formen bei bestimmten Wörtern häufiger und bei anderen weniger häufig. Und in der Tat sind keine Eintragungen für *Nachträglichkeit* in der Freud'schen Bedeutung* in den Wörterbüchern belegt, jedenfalls nicht in den neueren, in denen ich nachschlagen konnte. Dagegen wird *Nachträglichkeit** in zwei sehr nebensächlichen Bedeutungen aufgeführt, die, wie Sie sehen werden, überhaupt nichts mit der Freud'schen Bedeutung zu tun haben: zum einen in der Bedeutung *Verspätung** und zum anderen in der Bedeutung *»nachtragendes Wesen«**. Dass *nachtragen** auch »einen Groll hegen« heißen kann, haben Sie schon gesehen, und dies ist immerhin nicht uninteressant in unserem Zusammenhang.

Hier, bei der *Nachträglichkeit** muss man im Französischen entweder weniger übersetzen [sous-traduire, wie wir sagen], oder mehr übersetzen [sur-traduire]. Beim Weniger-Übersetzen würde man das Wort als »l'après-coup« wiedergeben; hier wird ja kein Unterschied zwischen *das Nachträgliche** und *die Nachträglichkeit** erkennbar. Wenn man aber etwas zu dem »aprés-coup« hinzufügt, übersetzt man damit mehr. Auch wenn wir uns manchmal den Spaß machen, Neologismen zu kreieren, können wir im Französischen keinen solchen Terminus wie »après-coup-ité« bilden – das wäre barbarisch. Wir müssen ein anderes Substantiv hinzufügen, und das erscheint dann einigermaßen willkürlich. Wir hatten uns eine Zeitlang in der französischen Ausgabe der *Gesammelten Werke* Freuds, in den *Œuvres complètes*, für *l'effet d'après-coup* »die Nachträglichkeitswirkung«, und nicht für l'*effet après coup* »die nachträgliche Wirkung« entschieden. Wir könnten auch das Phänomen, den Prozess bezeichnen, alles Ausdrücke, die natürlich nicht in *-keit** von *Nachträglichkeit** oder auch im »Nachträglichkeitsfaktor« [»le facteur d'après-coup«] enthalten sind. Freud verwendet übrigens an einer bestimmten Stelle den Ausdruck *Moment: Moment der Nachträglichkeit**.

Lassen wir einmal diese Probleme, wie sie in der täglichen Arbeit des Übersetzers, in seiner Küche, auftauchen, beiseite; im Französischen haben wir hier jedenfalls einen zentralen Begriff [concept majeur], und es war der Übersetzer, der als Erster, noch vor dem deutschen Leser, die Möglichkeit hatte, im Freud'schen Text diesen sich entwickelnden Begriff [ce concept naissant] in seiner Entwicklung (genau genommen in seiner Nachträglichkeit) nachzuverfolgen und ihm ein einheitliches Wort zu verleihen.

Und im Englischen?

Wie ist es im Englischen? Wir werden auch über diese Frage zu sprechen haben, weil es wichtig ist, sowohl für die Geschichte der psychoanalytischen Bewegung als auch für die Interpretation der Freud'schen Theorie und für so aktuelle Fragen wie das Problem der Deutung. Glauben Sie bloß nicht, dass es sich bei diesen Fragen um abstrakte Themen oder Manien des Übersetzers handelt. Wir gehen von einem Detail aus, doch dieses Detail führt uns zum Wesentlichen. Um dieses Detail zu verstehen, möchte ich zunächst daran erinnern, dass die erste Ausgabe von Stracheys *Standard Edition* in den Jahren 1953 bis 1966 veröffentlicht wurde, dass der Tod Stracheys ins Jahr 1967 fällt und die Ausgabe des Indexes der *Standard Edition* 1974 erscheint. Diese Angaben sollten Sie mit den Daten in Verbindung bringen, die ich Ihnen für Frankreich bereits genannt habe. Lacans Rom-Rede findet 1953 statt und damit zugleich die Ausgrabung (das ist ein schlechter Ausdruck), die Betonung, ja die Überhöhung des Begriffs der Nachträglichkeit, und dann folgen Laplanche und Pontalis 1964 bis 1967. Sie sehen, dass man Strachey letztlich nicht vorwerfen kann, weder Lacan noch Laplanche und Pontalis gelesen zu haben; denn die Werke entstehen ungefähr zur gleichen Zeit; und angesichts der Verzögerung, die es zwischen der englischen und der französischen Psychoanalyse gibt, kann man sicherlich gute Gründe dafür angeben, vor allem wenn man weiß, dass sich die französische Psychoanalyse auch heute noch schwer darin tut, in den anglophonen Sprachraum vorzudringen. Dass der Index von 1974 zum Stichwort nachträglich spärlich ausfällt, ist dagegen schon ein bisschen schwerwiegender.

Nicht dass Strachey den Terminus nicht im Index hätte, er ist unter *»deferred« [deffered]* aufgeführt. Ich weiß nicht, warum *»deferred« [deffered]* im *Vokabular der Psychoanalyse* mit einem »i« geschrieben ist; »to defer« *[deffer]* heißt »aufschieben« [différer]. Es handelt sich um einen Englischfehler im *Vokabular der Psychoanalyse*, der nie korrigiert worden ist. Es muss also »to defer« *[deffer]* heißen, was so viel wie »verschieben, aufschieben, zurückstellen« bedeutet. Und meist mit »action« verbunden wird das Substantiv *Nachträglichkeit** mit »deferred action« *[deffered action]* wiedergegeben.

Ich werde später zu diesen Details kommen und dann werden wir sehen, dass Strachey das Konzept verfehlt, weil er es nicht angemessen übersetzt und nicht angemessen – oder soll ich sagen: nicht umfassend genug – versteht. Einer mündlichen Mitteilung zufolge, deren Quelle ich bislang nicht zur Verfügung habe – es handelt sich um die Mitteilung eines deutschen Psychoanalytikers während einer Tagung kürzlich in London –, hätte Strachey, dem nachgesagt wird, ziemlich »pfiffig« gewesen zu sein und der übrigens in erster Linie kein Analytiker war, was ein guter Grund ist, ihn »pfiffig« zu nennen, hätte Strachey also zu Beginn, jedenfalls an einigen Stellen, *retroactivity* oder *retroactively* vorgeschlagen; Sie werden noch sehen, dass das nicht sehr gut funktioniert. Ins Französische kann das leicht durch *rétroactivité*, *rétroaction*, *rétroactif* übersetzt werden. Und der Mitteilung zufolge wäre es Jones gewesen, der den Terminus »deferred« und »deferred action« [i. O. zweimal *deffered*; A. d. Ü.] durchgesetzt hätte. Sie sehen, dass die Idee der *rétroactivité* gegen die Richtung des Zeitpfeils verläuft, wohingegen »deferred action« dem Zeitpfeil folgt; mit diesem Argument lässt sich natürlich behaupten, dass die von Jones gesteuerte *Standard Edition* eine »wissenschaftliche«, ja sogar eine *szientistische* Konzeption durchgesetzt habe gegen eine in gewisser Weise hermeneutische Deutung des Freud'schen Werkes. Andererseits muss angemerkt werden, dass *»rétroactivité«* nur in vier oder fünf Fällen passt; ich habe viele Passagen gefunden, in denen *»rétroactivité«* nicht zu halten war. Strachey macht, um es ganz deutlich zu sagen, zwei Fehler. Der eine besteht darin, die Entstehung des Konzepts im Freud'schen Werk nicht ausgehend von der Alltagssprache zu verfolgen. Dieser Fehler ist teilweise entschuldbar, denn Strachey stand der Briefwechsel zwischen Freud und Fließ nicht zur Verfügung, wo das Konzept im Rahmen der Verführungstheorie entwickelt wird. Der andere Fehler besteht darin, die je nach Kontext verschiedenen, manchmal sehr unterschiedlichen, Bedeutungen des Wortes nicht zusammenzubringen. Zwei Fehler, die letztlich auf einen einzigen hinauslaufen, denn die Einheit des Signifikanten ist ein untrüglicher Leitfaden, der es erlaubt, dem wechselnden Faden der Signifikate zu folgen.

Nachdem er also dem Vorschlag Jones' folgend die, wie wir sagen würden, »rückwärtsgewandte«, hermeneutische Hypothese fallen gelassen hat, bleibt ihm *entweder* eine banale Bedeutung, die das *nachträglich** auf ein »später« *(subsequently, later, belatedly)* verflacht, *oder* eine Bedeutung, die zum Zeitpfeil und zu einer unidirektionalen Auffassung der Verführungstheorie passt: Das, was in der Kindheit eingeschrieben worden ist, verharrt zunächst im Stadium der Latenz, um dann später eine »aufgeschobene Handlung« [action différée] zu bewirken. Ich habe das die Theorie der »Zeitzünderbombe« genannt: Das zweite Ereignis wird dabei durch das erste exakt determiniert, es ist einfach nur dessen Konsequenz.

Ich möchte betonen, dass man eine solche Theorie bei Freud vergebens sucht, trotz all der Ambiguitäten, die wir noch näher darstellen werden.

Ein einziges Mal, aber das ist in Massons Übersetzung des Briefwechsels zwischen Freud und Fließ, erscheint dort der der »Nachträglichkeit« ziemlich nahekommende Ausdruck *afterwards*. Ich habe mir erlaubt, für die englische Sprache Gesetze aufzustellen, und dann diesen einzigartigen und herausragenden Ausdruck (zumindest für die englische Übersetzung einiger meiner eigenen Texte) vorgeschlagen. Zudem verfügt das Englische über quasi unendlich viele Möglichkeiten, Substantive mit dem Suffix *-ness* zu bilden. Von daher habe ich das Paar *afterwards – afterwardsness* gebildet, von dem ich hoffe, dass es sich mit der ganzen Theorie, die es voraussetzt, durchsetzen wird. Die Frage ist nun, in welchem Maße sich Freud wirklich dem Konzept genähert hat, als er den Ausdruck geprägt hat.

Bei Freud: Eine synkopierte Geschichte

Die Geschichte des *nachträglich** in Freuds Texten, bei der ich nun verweilen möchte, ist komplex. Sie besteht einerseits in der Entwicklung eines Denkens und andererseits in der Entwicklung eines Ausdrucks, und diese beiden Entwicklungen finden keineswegs parallel statt, man könnte sie vielmehr synkopiert nennen. Wir können uns zum Spaß ein wenig bei dem Ausdruck »synkopiert« aufhalten; er kommt aus dem griechischen *kopto* »schneiden, schlagen«. *Synkope* hat zwei Bedeutungen. Die kardiologische Bedeutung ist »zeitweiliger Stillstand«, eine Unterbrechung des Herzschlags, also zunächst ein zeitweiliger Herzstillstand und dann der endgültige Stillstand, aber im Prinzip ist es ein zeitweiliger Stillstand, denn das Herz nimmt anschließend seine Tätigkeit wieder auf; auf der anderen Seite hat *Synkope* eine musikalische Bedeutung, die aber sehr viel allgemeiner alles Rhythmische betrifft und folgendermaßen lautet (das ist die beste Definition, die ich gefunden habe): »Eine in einem eigentlich unbetonten Takt oder in einem schwachen Teil eines Takts gespielte Note wird in einen betonten Takt verlängert.« Ich bin alles andere als ein Musiker und würde mich genieren, ein Notensystem zu zeichnen. Das Einzige, was man verstehen muss, ist, dass es in diesem Notensystem zwei Taktarten gibt und dass eine Note an einer Stelle unbetont gespielt wird, und zwar am Taktende, und dass sie in den betonten folgenden Takt hinein verlängert wird. Der Jazz, also was man »Swing« nennt, ist nichts anderes als die Anwendung einer Synkope. Das *syn-* »zusammen« in *Synkope* ist dabei wesentlich, das heißt, es gibt keine Synkope, wenn es keine zwei Reihen gibt: den Basisrhythmus und die Melodie und natürlich das Zusammenspiel der beiden. Also das Spiel der beiden musikalischen Strukturen, das Spiel der einen wird durch das der anderen, die melodische Struktur wird durch die rhythmische Struktur des Taktmaßes aufgebrochen. Die Synkope in ihrer Bedeutung als momentaner Stillstand wird erst durch dieses Zusammenspiel der beiden Strukturen zu einer Synkope im musikalischen Sinne.

Einen Begriff orten

Sie sehen, dass in der Entwicklung des Begriffs bereits seine Inhalte vorhanden sind: das heißt die Elemente, genauer gesagt, das zweifache Element, die beiden Strukturen, und dann auch das Spiel, das sie miteinander spielen. Diese Geschichte bei Freud wirft aber auch die Frage auf, was man überhaupt einen Freud'schen Begriff nennen kann, und auch diese Frage ist kürzlich in Bezug auf Übersetzungsprobleme neu diskutiert worden. »Was ist ein Begriff?« Neben den expliziten Begriffen stellt sich beim Übersetzen unablässig die Frage nach den von uns implizit genannten Begriffen. Von welchem Moment an gibt es einen expliziten Begriff? Die Antwort ist nicht so einfach, wie es scheinen mag, denn auch wenn man sich darin einig ist, dass *Verdrängung** ein Freud'scher Begriff ist, ist zu anzumerken, dass so häufig verwendeten Ausdrücken wie *Angst** oder *Zwang** insofern noch in jüngster Zeit der Begriffsstatus abgesprochen wurde, als man ihnen die Übersetzung durch einen einzigen Terminus verweigerte. Man kann sagen, dass das, was bei Freud einen Begriff ausmacht, das ist, was immer auf dieselbe Weise übersetzt wird und so immer wiedergefunden werden kann. Neben den expliziten Begriffen – ich habe gerade mit der »Verdrängung« einen der offenkundigsten zitiert – treffe ich bei Freud also auch sehr schnell auf so etwas wie »Quasi-Begriffe«. Es gibt somit etwas, was etwas zu einem Begriff macht (wie wir gerne sagen), und dieses Begriffsbildende ist immer erst nachträglich. Das heißt, erst in der Nachträglichkeit der Lektüre, und genauso in der erst nachträglich feststellbaren Bewegung des Freud'schen Denkens, wird etwas nach und nach zu einem Begriff. Ein Beispiel ist der Begriff *Anlehnung**, doch daneben gibt es durchaus noch andere Begriffe, die ebenfalls erst in der Freud-Übersetzung gehoben wurden: »surmontement« als Übersetzung von *Überwindung* oder »désirance« als Übersetzung für *Sehnsucht*. Zum Thema »désirance« habe ich noch heute Morgen beim Blättern in den Fließ-Briefen gelesen, dass das, was in einem der allerersten Manuskripte, dem Manuskript J, falsch mit »désir« übersetzt worden ist, immer *Sehnsucht** ist.

Zurück zur Nachträglichkeit

Dieser Begriff der Nachträglichkeit ist also bei Freud selbst in seiner Entwicklung synkopiert; das heißt, seine Entwicklung trägt selbst die Merkmale der Nachträglichkeit, wo sie, wie wir sehen werden, abbricht und plötzlich da, wo dies vielleicht niemand erwartet hätte, wieder einsetzt; diese Entwicklung bringt komplexe Reihen miteinander ins Spiel, eben wie die Synkope dies tut. Einerseits betrifft dies die Entwicklung des Inhalts in Bezug auf die Entwicklung des Signifikanten, womit etwas sehr Einfaches gesagt wird, dass nämlich, wie Sie sehen werden, in bestimmten Momenten im Freud'schen Denken die Idee der Nachträglichkeit erscheint, ohne dass der Ausdruck zu finden wäre; und umgekehrt, dass in anderen Momenten der Ausdruck erscheint, ohne dass man ihn erwartet hätte. Und dann gibt es im Inneren des Signifikanten selbst noch ein anderes synkopiertes Zusammenspiel, zwischen der geläufigen Bedeutung oder den geläufigen Bedeutungen, dem *Sprachgebrauch** einerseits und andererseits der Tendenz zur Begriffsbildung, die am deutlichsten durch die Substantivbildung, hier die *Nachträglichkeit**, gekennzeichnet ist. Der Begriff kann aber auch ohne die Bildung eines Substantivs auftauchen.

Eine mörderische Komplikation

All dies ist sicherlich sehr kompliziert, aber wir können es uns nicht ersparen. »Ich würde gerne auf all diese Komplikationen verzichten, aber du kennst den Spruch: »Que messieurs les assassins commencent!«. Ich zitiere hier einen Text, einen Satz Freuds, den er genau in dieser Zeit geschrieben hat, und es handelt sich interessanterweise um einen Satz, den man im Brief 127 vom April 1897 findet (Freud, 1986, S. 248). Dieser Satz, der vom Herausgeber der Briefe an Fließ (Masson) hervorgehoben wird, »Que messieurs les assassins commencent!«[7], war bislang nur in *Das Unbehagen der Kultur* ausfindig gemacht worden, dort mit Bezug auf die Aggressivität und die Todesstrafe. Freud sagt ungefähr das: Ich hätte eine ähnliche Meinung wie jener Abgeordnete, der am Tag, als man in einer französischen Abgeordnetenkammer über die Abschaffung der Todesstrafe diskutiert hat, aufgestanden ist und in das Schweigen hinein gerufen hat: »Ich wäre schon für die Abschaffung der Todesstrafe, doch die Herren Mörder mögen beginnen.«

Eigenartig ist hier zunächst einmal Freuds Paramnesie. Offenbar wird der Satz nicht in einer wirklichen Versammlung gesagt, sondern in einem Roman von Alphonse Karr, *Les guêpes* »Die Wespen«[8], von 1840 (ich beziehe mich hier auf Masson). Nun, ich frage mich, ob es vor dem Jahr 1840 eine Diskussion über die Todesstrafe gegeben hat. Es ist schon bemerkenswert, dass Freud einen Satz, der in einem Roman geäußert worden ist, in die Realität, in eine wirkliche Sitzung des Abgeordnetenhauses verlagert

7 [Bei Masson ist zu diesem Zitat zu lesen: »Geflügeltes Wort von Alphonse Karr (1808–1890), aus *Les Guêpes*, Januar 1840: ›Si l'on veut abolir la peine de mort, que Messieurs les assassin commencent‹: Wenn man die Todesstrafe abschaffen will, so mögen die Herren Mörder beginnen (sc. und aufhören zu morden).« (Masson in Freud, 1986, S. 248, Anm. 2); in *Das Unbehagen in der Kultur* lautet die Passage: »Dass die Herren Mörder beginnen mögen« (Freud, 1930a, S. 470); A. d. Ü.]

8 [Die Passage stammt nicht aus einem Roman, sondern aus dem von Karr gegründeten satirischen Magazin *Les Guêpes*; A. d. Ü.]

hat. Auf der anderen Seite ist es amüsant zu sehen, dass er dieses Zitat beim ersten Mal ganz und gar metaphorisch in erkenntnistheoretischer Hinsicht einsetzt, nach dem Muster: Ich kann gerne auf all diese Komplikationen verzichten, aber die Realität selbst möge doch bitte zuerst einmal nicht so kompliziert sein. Wenn die Realität nicht kompliziert wäre, müsste ich auch nicht so kompliziert sein.

Drei Phasen bei Freud

In der Tat ist es kompliziert, weil die Realität sehr kompliziert ist, und so werde ich weiterhin versuchen, dieser Synkope, dieser Nachträglichkeit der Nachträglichkeit zu folgen, Schritt für Schritt, aber zügig, wenn möglich, in Texten aus drei Phasen:

1. den Texten vor 1900
2. einem hochinteressanten Text aus der *Traumdeutung**, der nur etwa fünfzehn Zeilen lang ist
3. dem Text vom »Wolfsmann«

Und damit Sie nicht völlig im Unklaren bleiben mit mir, werde ich die Frage klären, natürlich *falsch* klären, indem ich von Anfang an versuche, Bedeutungsnuancen zwischen den Ausdrücken zu unterscheiden, aber ich will Ihnen gleich sagen, dass wir diese Bedeutungsnuancen natürlich so lange bearbeiten werden, bis sie in sich zusammenfallen.

Zunächst einmal wird *nachträglich** einfach im Sinne von »später«, »hinzugefügt«, »sekundär« verwendet; ich werde dies die *Bedeutung A* nennen. Sie sehen, wir folgen hier völlig problemlos dem Zeitpfeil. Das wichtigste Beispiel ist Freuds *nachträgliches Bewusstsein** [conscience secondaire] also ein Bewusstsein, das sich nachträglich einstellt. Das nachträgliche Bewusstsein ist ein Bewusstsein, das zum psychischen Phänomen hinzukommt, das primäre Bewusstsein ist hingegen ein Wahrnehmungsbewusstsein.[9] Wir werden vielleicht die Gelegenheit haben, darauf zurück-

9 [»Demnach würden die Wahrnehmungsvorgänge eo ipso Bewußtsein involvieren und erst *nach dem* Bewußtwerden ihre weiteren psychischen Wirkungen üben, die Ψ Vorgänge wären an und für sich unbewußt und würden ein sekundäres, artifizielles Bewußtsein erst nachträglich erhalten, indem sie mit Abfuhr- und Wahrnehmungsvorgängen verknüpft werden (Sprachassoziation). […] Die Abwehrregel, die für Wahrneh-

zukommen, aber offensichtlich gibt es kein kausales Verhältnis zwischen primärem und nachträglichem Bewusstsein; das eine wirkt auch nicht auf das andere zurück, jedenfalls nicht im Text von Freud; deshalb übersetzt Strachey diese Passagen mit *subsequently* oder *subsequent*, das heißt ein Bewusstsein, das später kommt.

Die Bedeutung B, wie ich sie nennen werde, wird wesentlich im Rahmen der Freud'schen Verführungstheorie ausgearbeitet, sie entspricht also *einer aufgeschobenen Nachwirkung*, das heißt, wie wir noch im Detail sehen werden, dass die Erinnerung nachträglich eine stärkere Wirkung ausübt als das Ereignis, dessen Erinnerung sie ist. Anscheinend ist dies also eine Theorie, die auf jede Rückwärtsgerichtetheit verzichtet, zumindest, wenn man sie nur ökonomisch betrachtet. Ich werde später auf diesen Aspekt der Verführungstheorie, ihren ökonomischsten und mechanistischsten, zurückkommen. Aber es ist ja nur einer ihrer Aspekte. Diese zweite Bedeutung, die ich für unsere Zwecke B nenne, wird von Strachey im Allgemeinen durch »deferred« *[deffered]* übersetzt, also »aufgeschoben«.

Man kann schließlich eine viel interessantere dritte Bedeutung (Bedeutung C) unterscheiden, nämlich die eines nachträglichen Verstehens. Erinnerungen werden nachträglich verstanden. Dieser Aspekt kommt dem am nächsten, was man *Rückwärtsgerichtetheit [rétroaction]* nennen kann, bei dieser Bedeutung scheint sich der Zeitpfeil umzukehren, denn die Bedeutung des Ereignisses 1 erscheint erst zu einem Zeitpunkt 2 oder wird erst dann zugänglich. Wir werden einige Beispiele für dieses *nachträglich** genauer ansehen, über das ich zwar sage, dass sich hier der Zeitpfeil umzukehren *scheint*, ohne deswegen voreilig sein zu wollen oder Freud voreilig auf eine Position festzulegen, die er gar nicht formuliert. Diese Bedeutung eines nachträglichen Verständnisses ist auch in der Alltagssprache geläufig. Ich habe einige alltagssprachliche Beispiele Freuds insbesondere in den Briefen an Fließ ausfindig gemacht, wenn er zum Beispiel sagt: »Nur nachträglich habe ich gemerkt, dass in jener Krankheit von einem meiner Nächsten eine Phase erschien …«[10]

mungen nicht gilt, sondern bloß für Ψ Vorgänge, versteht man heute viel leichter. Das Nachhinken des sekundären Bewußtseins gestattet, die Neurosenvorgänge einfach zu beschreiben« (Freud, 1986, S. 166f.); A. d. Ü.]

10 Sie wissen, dass Fließ Phasen von 28 oder 23 Tagen aufstellt. Freud befindet sich mitten in der Fließ'schen Theorie der männlichen und weiblichen Phasen, und auf diese Diskussion bezieht er sich in dieser Passage. [Das Zitat konnte nicht ermittelt werden; A. d. Ü.]

Eintritt in die erste Phase – Der Fall Elisabeth

Folgen wir also zunächst den Texten seit 1895 bis zum Ende dieser Periode, vor der *Traumdeutung**. Wir wollen, und das macht die Sache kompliziert, manchmal dem Wort, manchmal der Idee unsere Aufmerksamkeit zuwenden; und wissen dabei natürlich, dass die Idee schwer zu fassen ist und das Wort manchmal in einem ziemlich banalen Sinn gebraucht wird.

Der erste Verweis auf die Nachträglichkeit findet sich in den *Hysteriestudien* und wird schon von Strachey als das erste Erscheinen der »deferred action« erwähnt. Die Passage findet sich im Fall Elisabeth. Für die Chronologie möchte ich anmerken, dass die Ausarbeitung der 1895 publizierten *Hysteriestudien* lange vor diesem Datum liegt, und dass sie das Werk Freuds und Breuers sind. Ihrem Briefwechsel zufolge scheint die Abfassung der Fallgeschichten im Mai/Juni 1894 abgeschlossen worden zu sein. Also erscheint dieses *nachträglich** zum ersten Mal Mitte 1894, und zwar in einem Kontext, der, wie Sie gleich sehen werden, keineswegs unwichtig ist. Es handelt sich um Überlegungen zur Situation der Krankenpflege in Bezug auf den Fall Elisabeth von R. Sie wissen vielleicht, dass Freud solche Situationen tatsächlich häufig in diesen Fällen von Hysterie angetroffen hat: Eine Person, die bis zur Erschöpfung stundenlang bei einem Kranken, ja oft bei einem Sterbenskranken verbringt, häufig ist es der Vater usw. Diese Überlegungen finden Sie auf Seite 228–229 der *Gesammelten Werke** und sehr schlecht übersetzt in der französischen Ausgabe auf Seite 128–129. Je häufiger man es liest, desto schlechter wird es. Glücklicherweise werden Sie in einigen Jahren die *Hysteriestudien* gut übersetzt vorliegen haben. Bis dahin lesen Sie besser zuerst die deutsche Ausgabe, bevor sie zu den Übersetzungen gehen. Sie sollten nicht auf Übersetzungen verzichten, wenn, wie es mein Anliegen ist, die Übersetzung ein Moment im Leben des Werkes ist, ein nachträglicher Moment des Werkes.

Nachdem wir diese Klammer geschlossen haben, wollen wir überlegen, warum Freud die Situation der Krankenpflege im Sinne Breuers als »Retentionshysterie« deutet. Darunter ist zu verstehen, dass während dieser Zeit der Krankenpflege die Affekte der Person wie eingelagert sind, sie können nicht ausgedrückt und sie dürfen nicht abreagiert werden; die Person hat keine Zeit, sich ihrem Schmerz oder anderen Affekten hinzugeben, ihrer Liebe oder vielleicht auch ihrer Freude. Sie hat keine Zeit, und es gehört sich nicht, dass sie sich mit ihren Affekten und dem Ausdruck, der daran gebunden ist, beschäftigt; somit werden ihre Affekte eingelagert, zurückgehalten [retenus]: *Retentionshysterie** ist der von Freud und Breuer gemeinsam verwendete Terminus.

Der Erklärungsrahmen folgt in der Tat der Breuer'schen Handschrift. Es gibt eine Art Stau, ein energetisch verstandener Stau. Es gibt etwas, das eingelagert wird, das nicht befreit werden kann, das erst später befreit werden kann, nach dem Ende der Krankenpflege, zum Beispiel wenn der Kranke verstorben ist. Und hier verwendet Freud zum ersten Mal den Ausdruck *nachträgliche Erledigung**, was wir ins Französische mit »liquidation après coup« übersetzen. »Erledigung« ist zunächst einmal eine allem Anschein nach ökonomische Erklärung, ganz im Breuer-Freud'schen Stil der Zeit: Das heißt, es gibt eine Energieüberlastung und für diese Energie müssen wieder normale Wege der Entlastung gefunden werden. Tatsächlich gibt die Passage viel mehr her als das, und da ich Ihnen ja gesagt habe, dass sie schlecht übersetzt ist, werde ich eine kleine Passage vorlesen und sie gleichzeitig übersetzen, damit Sie eine Idee davon haben. Sie finden sie auf Seite 229 der *Gesammelten Werke**.

> »So kenne ich eine hochbegabte, an leichten nervösen Zuständen leidende Frau, deren ganzes Wesen die Hysterika bezeugt, wenngleich sie nie den Ärzten zur Last gefallen ist, nie die Ausführung ihrer Pflichten hat unterbrechen müssen. Diese Frau hat bereits drei oder vier ihrer Lieben bis zum Tode gepflegt, jedesmal bis zur vollen körperlichen Erschöpfung, sie ist auch nach diesen traurigen Leistungen nicht erkrankt. Aber kurze Zeit nach dem Tode des Kranken beginnt in ihr *die Reproduktionsarbeit**, welche ihr die Szenen der Krankheit und des Sterbens nochmals vor die Augen führt. Sie macht jeden Tag, jeden Eindruck von neuem durch, weint darüber und tröstet sich darüber – man möchte sagen in Muße. Solche Erledigung geht bei ihr durch die Geschäfte des Tages durch, ohne daß die beiden Tätigkeiten sich verwirren« (Freud, 1895d [1893–95], S. 229 [Kursivierung von Laplanche; A. d. Ü.]).

Später – den Ausdruck »Reproduktionsarbeit« habe ich ja bereits betont – spricht Freud von *Erinnerungsarbeit**, und einige Zeilen weiter oben, in einer Passage, die ich heute weder vorgelesen noch übersetzt habe, spricht er ausdrücklich von Trauer.

Sie sehen, welche neuen Dimensionen diese Passage eröffnet, in der es zu Beginn um ein einfaches Ablassen von Affekten ging, darum, dass der Speicher geleert werden muss. Wieviel interessanter wird es, sobald für eine

Deutung Freuds zentrale Begriffe, wie der Begriff der »Trauer« und der der »Erinnerungsarbeit«, eingeführt werden. Der Begriff »Trauerarbeit« taucht noch nicht auf, aber natürlich ist die Idee schon gegenwärtig.

Also das Wort – ich habe ja gesagt, dass ich die *Gedanken und die Wörter nachverfolgen würde* – das Wort *»nachträglich«**, das hier einfach so vorkommt, haben wir schon mal; laut Strachey kommt es hier übrigens zum ersten Mal vor.

Und dann haben wir ein paar Zeilen später den wirklich sprechenden Ausdruck *nachholende Träne**. Dieses Verb ist aus *nach (nachträglich)** und dem Verb *holen** zusammengesetzt. Es gibt auch *einholen**, das bedeutet holen im Sinne von »wieder einfangen«. Die deutschen Wörterbücher geben als Synonyme des Verbs *nachholen** Formulierungen wie: nachträglich wiedergutmachen, nochmals tun, etwas nacharbeiten, das vernachlässigt worden ist.

*Nachholen** hätte also bei Freud sehr wohl eine ähnliche Begriffsarbeit wie *nachträglich** durchlaufen können.

Das Wörterbuch gibt bei *nachholen** sogar Äquivalente, die den so wichtigen Begriff der *Arbeit** einschließen:

*nacharbeiten**, frz.: »retravailler« »umarbeiten‹«, »travailler après coup« »nachträglich bearbeiten«, und *sich (etwas) nachträglich erarbeiten**: durch Arbeit etwas nachträglich erlangen.

Die Phase des »Entwurfs« (1895)

Ich komme nun zur nächsten Etappe und damit zum »Entwurf einer Psychologie« (Freud, 1950c [1895]). Man kann sagen, dass es zwischen Mai/Juni 1894 und Ende 1895 eine große Synkope gibt, eine lange Zeit der Latenz, die umso wichtiger ist, als tatsächlich die *Studien über Hysterie* begonnen wurden – die Fälle und ihre Redaktion sind deutlich vorher zu datieren – und vor allem insofern, als Freud es Breuer überlassen hat, in den *Studien über Hysterie* die theoretischen Erörterungen zu übernehmen und sich selbst die meisten der klinischen Fälle und auch das Kapitel über die »Psychotherapie der Hysterie« vorbehalten hat. Das ist wichtig. Ich nehme dies zum Anlass anzumerken, dass Fragen wie die nach dem Denken Breuers nie wirklich *»durchgearbeitet«**, nie wirklich gründlich bearbeitet worden sind, und dass wir uns entweder mit zweifelhaften Ungenauigkeiten zufrieden gegeben haben, wie in der angelsächsischen Welt, oder aber mit richtigen, aber bruchstückhaften Hinweisen, wie denen, die ich selbst geben konnte, dass nämlich das Denken Breuers zu dieser Zeit ein ganz anderes Denken ist als dasjenige Freuds, und deshalb Breuers Denken ein eigenes Interesse verdient hätte. Die Tatsache, dass Freud Breuer das theoretische Kapitel übernehmen lässt, bedeutet nicht, dass er ihm zustimmt. Und nur weil er später nahelegt, dass sein Denken zu dieser Zeit mit dem Breuers übereinstimmte, hat er deswegen noch lange nicht recht. Dass er das theoretische Kapitel Breuer überlassen hat, bedeutet in Wirklichkeit, dass Freud ihm lieber freie Bahn lassen wollte als Wort für Wort und Schritt für Schritt mit ihm zu diskutieren – und es dabei bewenden lässt. Das könnte man belegen, wenn jemand darüber arbeiten würde (das wäre ein sehr gutes Thema für eine Dissertation), sowohl über Breuers eigenes Denken als auch über die Unterschiede zum Denken Freuds. Es gibt viele Hinweise, aber die Sache ist nicht erledigt.

In gewisser Weise kann man sagen, dass der »Entwurf einer Psychologie« die Funktion dieses theoretischen Kapitels der *Studien über Hysterie*, das Freud nicht übernommen hat, ausfüllt, jedenfalls in der inneren Entwicklung Freuds, denn wir wissen ja, dass dieser »Entwurf« niemals vor den 1930er[11] Jahren das Licht der Welt erblickt hat.

Der »Entwurf« entsteht von September bis Oktober 1895, wie der Briefwechsel mit Fließ belegt. Die beste deutsche Ausgabe findet man aktuell in den *Gesammelten Werken*, im *Nachtragsband** – hier haben wir auch dieses berühmte Wort *Nachtrag**, ein nachträglicher Band, ein Band mit Texten, die nachträglich entdeckt und nachträglich veröffentlicht worden sind; zurzeit werden sie ins Französische übersetzt. Jedenfalls müssen wir im Augenblick vom deutschen Text ausgehen und Sie ein klein wenig mit einer, auch hier wieder nicht sehr guten Übersetzung unterstützen. So ist das (im Jahr 1989). Nun, dieser Entwurf von September/Oktober 1895, den Freud Fließ zusammen mit den Briefen geschickt hat, besteht aus drei Teilen. Dies zu erwähnen ist interessant, natürlich um die Ideen einordnen zu können.

Ein Teil ist ohne Titel und erscheint unter der Überschrift *»Allgemeiner Plan«*. Auf diesen Teil bezieht man sich meistens, es ist Freuds große Metapsychologie-Metaphysiologie mit einer Beschreibung des neuronalen Apparats. Der zweite Teil heißt »Psychopathologie« und beschränkt sich tatsächlich auf ein Kapitel »Zur Psychopathologie der Hysterie«. Und

11 [Tatsächlich ist der Text erst 1950 erschienen; A. d. Ü.]

der dritte Teil trägt den Titel »Versuch, die normalen Ψ Vorgänge darzustellen«, also Versuch einer normalen Psychologie, wo die Rede vom Bewusstsein, vom Unbewussten etc. ist. Interessant und überraschend ist an diesem Zeitpunkt, an dem die Verführungstheorie wirklich zum ersten Mal ausführlich dargestellt wird, dass der Ausdruck *nachträglich** vier Mal im »Entwurf« vorkommt, und zwar als Adverb. (Sie werden sehen, dass das Substantiv erst sehr viel später erscheinen wird.) Dreimal im dritten Teil, also in der normalen Psychologie, und bezugnehmend auf die Bedeutungen A, B und C, die ich vorhin angegeben habe, immer in der Bedeutung A, also zur Charakterisierung des nachträglichen Bewusstseins, des Bewusstseins, das sich zu einer zweiten Zeit einstellt. Von Strachey wird der Terminus *nachträglich** hier mit *subsequently*, das heißt mit »später«, »anschließend«, »sekundär« übersetzt.

Das Bewusstsein im »Entwurf«

Dieses »nachträgliche Bewusstsein«, und hier werde ich ein wenig didaktisch, um die Erwartungen derjenigen von Ihnen, die nicht ganz auf dem Laufenden sind, nicht allzu sehr zu enttäuschen (das ist nicht direkt mein Anliegen), dieses nachträgliche Bewusstsein besteht für Freud darin, dass Bewusstsein an Wahrnehmung gebunden ist und dass jedes Bewusstsein von Wahrnehmung und von einer Erregung des Wahrnehmungsapparats begleitet sein muss. Somit ist das primäre Bewusstsein das Wahrnehmungsbewusstsein, das Bewusstsein von der äußeren Welt; in Klammern: Dies widerspricht völlig der Vorstellung von einem am Anfang völlig in sich selbst zurückgezogenen menschlichen Wesen. Das menschliche Wesen ist für Freud genauso wie für die Phänomenologie von Anbeginn Bewusstsein von etwas, Wahrnehmungsbewusstsein, Weltbewusstsein.

Doch wie können wir Bewusstsein von unseren eigenen psychischen Prozessen haben, da diese doch anscheinend an sich rein ökonomische, mechanische Prozesse sind: Entladungen. Die Lösung Freuds besteht darin, dass wir nur dadurch ein Bewusstsein von den psychischen Prozessen haben, dass mit ihnen, übrigens nicht durchgehend, sondern synkopiert, Wörter verknüpft werden. Das heißt, dass zu einem schwer darstellbaren psychischen Prozess von Zeit zu Zeit ein innerlich ausgesprochenes Wort hinzukommt.

Ich verweise hier zum Beispiel auf Daniel Lagaches Arbeiten über *Die verbalen Halluzinationen*, in denen er das Problem aufwirft, ob wir, wenn wir denken, nicht das aussprechen, was wir denken. Gibt es ein Denken ohne Sprache? Und mehr noch, ohne ausgesprochene und wahrgenommene Worte? Das ist genau die Idee des nachträglichen Bewusstseins bei Freud.

Es geht nicht darum zu sagen, dass alles Denken Sprache ist, sondern darum, dass von Zeit zu Zeit bei einem Prozess, der selbst ununterbrochen abläuft, gleichsam ein Leitungssystem ist, ein Wort innerlich ausgesprochen und wahrgenommen wird. Dies wirft eine Art Lichthof um es herum, so dass durch diese diskontinuierlich auftauchenden Beleuchtungspunkte, das heißt ausgehend von ausgesprochenen und wahrgenommenen Worten, der ganze psychische Prozess bestrahlt wird. Das ist es, was Freud *nachträgliches Bewusstein** nennt. Sie sehen, dass wir hier *a priori* ziemlich weit von einer Theorie der Nachträglichkeit entfernt sind, die ein Hin und Her innerhalb des Zeitpfeils impliziert. Deswegen hat Strachey vorgeschlagen, das Wort in dieser Bedeutung mit einem eigenen Ausdruck, *»subsequently«*, zu übersetzen, und damit den Begriff *nachträglich** aufzuspalten.

Ein einziges Mal wird der Terminus *nachträglich** allerdings nicht im Rahmen des dritten Kapitels, sondern im zweiten Kapitel »Zur Psychopathologie der Hysterie« verwendet, und zwar in einer Passage, die ich im ersten Teil von *Leben und Tod in der Psychoanalyse* ausführlich dargestellt und kommentiert habe. Ich möchte gerne, dass Sie diesen Passus lesen. In der nächsten Stunde werde ich Ihnen einen kurzen Überblick geben, aber ich werde nicht von vorne anfangen zu erläutern, was es mit dem berühmten Fall Emma auf sich hat. Ich werde lediglich einige Überlegungen zum Aspekt der Nachträglichkeit anstellen.

19. Dezember 1989

In meinem Versuch, Ihnen zu zeigen, wie komplex die Bewegung ist, in der ich mich einem Freud'schen Konzept annähere, folge ich der Chronologie der Texte. Ich sage sehr wohl »annähere«, insofern diese Bewegung, wie wir sehen werden, nicht wirklich zu einem Ende führen wird und uns, den Postfreudianern, für die Nachträglichkeit dieses Konzepts Freiräume lassen wird. Ich brauche länger, als ich dachte. Ich werde genauer darauf eingehen müssen, um denjenigen von Ihnen, die nicht damit vertraut sind, die Sache verständlich zu machen. In der letzten Stunde war ich also beim »Entwurf einer Psychologie« von September/Oktober 1895 angekommen, und hatte angemerkt, dass der Terminus *»nachträglich«**, Adjektiv oder Adverb, nur vier Mal vorkommt: *drei Mal* im Sinne von »nachträgliches Bewusstsein«, was so viel heißt wie »sekundäres Bewusstsein« – diesen Begriff habe ich bereits näher ausgeführt – und ins Englische mit *»subsequently«* übersetzt worden ist; und *ein Mal* im zentralen Kapitel »Zur Psychopathologie der Hysterie«, wo der Terminus im Englischen durch eine Adverbialform wiedergegeben wird, nämlich durch *by deferred action*, also »durch aufgeschobene Handlung«. Die dreifache Kritik, die man an diesen englischen Übersetzungen üben kann, ist zunächst, dass sie den Signifikanten *nachträglich** in zwei Bedeutungen aufspalten, eine rein zeitliche Bedeutung: »später«, *»subsequently«*, und eine mehr an die Theorie gebundene Bedeutung, die wir gleich kennenlernen werden, nämlich die des Traumas in zwei Zeiten. Sie spalten also den Signifikanten in zwei Teile, sie formen dann das Adjektiv in Ermangelung eines Adverbs in eine Substantivbildung um, nämlich in *by deferred action, [deffered action]* und wählen dann die dem Zeitpfeil folgende Bedeutung. Nicht, dass eine solche Freud-Interpretation, wenn sie der Richtung des Zeitpfeils folgt, unplausibel wäre; aber es gibt doch einerseits einen Bruch innerhalb einer Kontinuität und andererseits wird dem *nachträglich**, einem Signifikanten, der ja trotz allem unterschiedliche Bedeutungsmöglichkeiten eröffnet, jeder Spielraum genommen.

Zurück zum Fall Emma

Für die Theorie der Nachträglichkeit am interessantesten und zugleich am stärksten topisch ausgerichtet ist ihr Auftauchen im »Fall Emma«. Sie finden sie im zentralen Kapitel »Zur Psychopathologie der Hysterie«, das Sie lesen bzw. noch einmal lesen sollten. Sie können dies ohne allzu viele Fehler in der französischen Übersetzung *La naissance de la psychanalyse* (Freud, 1956) tun, und haben einen langen Kommentar dazu in meinem Buch *Leben und Tod in der Psychoanalyse.* Ich werde nur einige Punkte herausstellen, will aber nicht diesen ganzen mehr als zwanzigseitigen Kommentar wieder aufnehmen. Bei dem Fall Emma handelt es sich wahrscheinlich um Emma Eckstein, aber das wird kontrovers diskutiert, und letztlich ist es für unsere Belange nicht von großer Bedeutung.

Was wird also in dieser Fallvignette, diesem Analysestück entwickelt? Es ist natürlich ein bestimmter Aspekt der Verführungstheorie; zwar wird der Ausdruck Verführung nicht gebraucht, wohl aber der eines »Attentats«, und man sollte nicht zu schnell darüber hinweggehen. Die Theorie der Verführung hat im Jahr 1895 ihre Zukunft noch vor sich. In der Theorie erscheint die *Verdrängung als pathogene Abwehr*, denn es geht darum zu zeigen, warum und wie das Ich in dieser Abwehr arbeitet. Es gibt normale Abwehrvorgänge gegen peinliche Gedanken oder peinliche Wahrnehmungen, sagt uns Freud. Es gilt also herauszufinden, warum das Ich in bestimmten Fällen nicht auf normale Weise abwehrt, sondern nach den Regeln des Primärprozesses, das heißt mit Verschiebungen, »ungebremsten« Verschiebungen [à pleins tuyaux], wie ich sie in meinem Kommentar in *Leben und Tod in der Psychoanalyse* bildhaft dargestellt habe. Die gesamte psychische Energie wird verschoben, ohne dass die Etappen, zwischen denen Energie verschoben wird, erhalten blieben. Genau das könnte man eine *Theorie des Traumas in zwei Zeiten* nennen. Eine wirklich grundlegende Theorie. Wir stoßen mit dem Trauma natürlich wieder auf das Problem der Zeit, das unser Leitfaden ist. Mit dieser »Zweizeitigkeit« stoßen wir wieder auf das Problem der Zeit. Und landen bei einer Aussage, die paradoxerweise so lauten könnte: Um ein Trauma auszulösen, braucht man mindestens zwei. Freud hat das weniger paradoxal folgendermaßen formuliert: »Eine Erinnerung« wird »nur *nachträglich* zum Trauma« (Freud, 1950c [1895], S. 448]. Und dies ist der einzige Moment im Text, in dem der Terminus *nachträglich** auftaucht.

Ich will dies alles kurz einordnen. Im Fall Emma gibt es einen Bezug zwischen zwei Szenen, und entscheidend ist das Zusammenspiel zwischen diesen beiden Szenen; beide finden in einem Geschäft statt, und schon bei ihrer Nummerierung stellt sich das Problem der Zeit, denn die in der chronologischen Ordnung zweite Szene wird als Szene Nummer I geführt, während die frühere Szene als die Nummer II gilt. Nun ist die frühere Szene II die Szene eines sexuellen Übergriffs. Ich überlasse es Ihnen zu lesen, worum es geht, nämlich um eine mehr oder weniger obszöne und sexuelle Geste diesem kleinen Mädchen gegenüber; dagegen ist die zweite Szene, die sich ebenfalls in einem Geschäft abspielt, sozusagen eine »unschuldige« Szene, die jedoch mit der vorigen in einer Assoziationsbeziehung steht. Dabei ist entscheidend, was sich in diesen assoziativen Verbindungen zwischen den beiden Szenen I und II abspielt. Die Szene I ist später. Die Analyse, die Anamnese geht, worauf der Ausdruck »ana« schon hinweist, nach oben [zurück zur Quelle; A. d. Ü.]. Analyse heißt »zurückgehen«. Analyse bedeutet nichts anderes als *Auflösung**, also »zerstören«, »auflösen«, indem man zurückgeht, zurück zu den Anfängen, zu den ersten Elementen; das »Auf-«* ist griechisch »ana«. Die »Analyse«, die »Anamnese« dreht die Zeit im Gedächtnis zurück, aber *reicht dies, um den Zeitpfeil umzudrehen*? Das ist natürlich problematisch.

Ich habe gerade von der Verbindung zwischen den beiden Szenen gesprochen. In Wirklichkeit trifft es diese Formulierung nicht genau, und das liegt offensichtlich an Freuds Raffiniertheit. Sie finden ein kleines Schema im Text[12], das Sie bitte genau betrachten sollten.

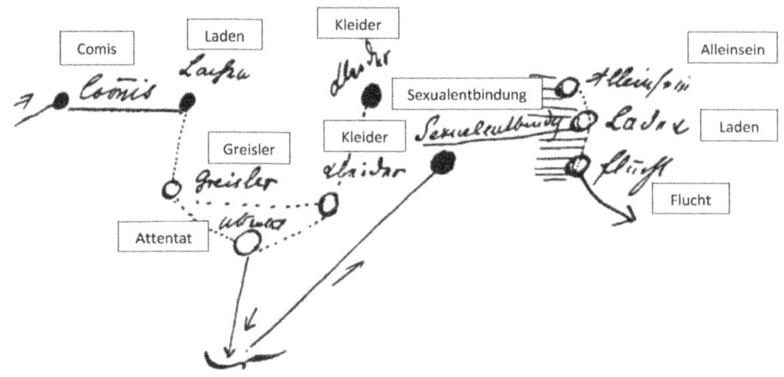

Abbildung 1[12]

12 [Dieses Schema aus dem »Entwurf« (Freud, 1950c [1895], S. 446) wird im französischen Text nicht abgedruckt; A. d. Ü. Beschriftung d. Ü.]

Dieses Schema ist gut wiedergegeben. In Wirklichkeit gibt es eine Verbindung zwischen einer Szene und der *Erinnerung* an die andere Szene. Die Verbindung besteht zwischen der späteren Szene I und der Erinnerung an die Szene II, oder, wenn man so will, weil sich dieser Ausdruck hier anbietet, an die »Signifikanten« der ersten Szene; denn es sind in der Tat *einzelne* Elemente, von denen Freud berichtet. Es ist kein globales Szenario, sondern es sind voneinander getrennte Elemente.

Diesen Weg kann man folgendermaßen rekapitulieren. Es wird im Text nicht exakt so dargestellt, aber Sie können das ja genauer nachschlagen. Sie haben die Szene I und dann stellen sich Verbindungen her zwischen den Elementen der Szene I und, sagen wir, II' (den Erinnerungen an Szene II). Es sind definitionsgemäß assoziative Verbindungen. Die Szene II gibt es nicht mehr, sie ist vergangen. Einzig die Erinnerung an sie ist vorhanden, die assoziativen Verbindungen werden zwischen I und II' hergestellt, und, kurz gesagt, ist das nichts anderes als das, was Freud *Entbindung** [déliasion] nennt. Entbindung von was? Von Energie, von Lust, von Unlust? Jedenfalls gibt es einen explosiven Prozess, durch den Affekte und Energie wahrscheinlich sexueller Art entbunden werden.

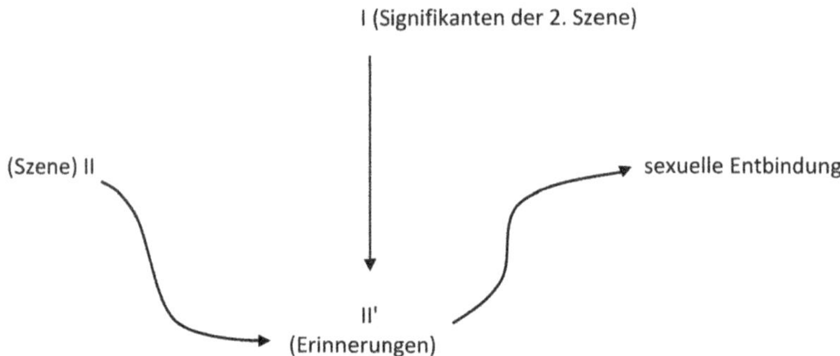

Abbildung 2

Ich habe einige Aspekte dieser Theorie aus jener Zeit besonders herausgestellt, zunächst den ökonomischen Aspekt, und der Ausdruck »sexuelle Entbindung« zeigt gut, um was es hierbei geht: um den ökonomischen Konflikt, der in dem Gegensatz zwischen der Bindung des Sekundärvorgangs und der Entbindung des Primärvorgangs liegt.

Die frühere Szene (Szene II) ist in dem Sinne vorzeitig, als das Kind nicht reif dafür ist, eine sexuelle Erregung aufzunehmen, Freud spricht von einer »vorzeitig sexuell[en]« Gefühlsreizung (Freud, 1950c [1895], S. 448). Gemeint ist: sexuell vonseiten des Erwachsenen und prä-sexuell oder nicht sexuell vonseiten des Kindes, das sie aufnimmt. Die zweite Szene hingegen ist nicht sexuell, sie ist harmlos. Es handelt sich dabei um einen »einfachen« Spaß in einem Geschäft, der die Erinnerung an II weckt. II' wird in Form einer Entbindung reaktiviert. Warum? Warum provoziert II' die Entbindung von Energie, sagen wir: eine sexuelle Erregung, warum provoziert die Erinnerung, wenn sie reaktiviert wird, eine sexuelle Erregung, die das Ereignis selbst nicht provoziert hat? Nun, die Hauptbedingung dafür ist, dass sich diese Reihe zeitlicher Ereignisse vor dem Hintergrund einer anderen Reihe abzeichnet, dass sie von ihr unterteilt, von ihr skandiert wird. Beim letzten Mal hatte ich den Begriff der Synkope eingeführt; man könnte auch von einem Kontrapunkt sprechen; in Wirklichkeit zeichnet sich diese Abfolge von Ereignissen vor dem Hintergrund einer anderen Abfolge ab, die zwar ebenfalls zeitlicher Natur, aber von der Biologie geprägt ist. Zwischen den beiden Zeitpunkten liegt nämlich die *Pubertät*. Es ist also ein biologischer Reifungsprozess, der dazu führt, dass die Erinnerung an eine Szene (II') von einer Psyche und einem Organismus aufgenommen wird, die verschieden sind von denjenigen, die die Szene II selbst erfahren haben.

Von daher ruft die Erinnerung zum einen physiologische Reaktionen hervor; denn für Freud schlägt sich all dies in Reaktionen des Körpers nieder, in einer Entladung, einer *Entbindung**, die gleichzeitig eine Ausschüttung von sexuellen Erzeugnissen, vielleicht hormoneller Art ist. Es gibt also eine somatische Erregung und zum anderen zugleich (und hier ist natürlich alles noch nicht ganz auf den Punkt gebracht, noch nicht wirklich zusammengefügt) Möglichkeiten für ein neues Verständnis dessen, was sich während der Szene II ereignet hatte. Mit anderen Worten, ein junges geschlechtsreifes Mädchen versteht »nachträglich« den sexuellen Sinn, den die Gesten der Szene II hatten.

Das Trauma = nachträglich

Ich lese Ihnen die beiden wichtigsten Passagen vor:

> »Es liegt hier der Fall vor, daß eine Erinnerung einen Affekt erweckt, den sie als Erlebnis nicht erweckt hatte, weil unterdes die Veränderung der Puber-

> tät ein anderes Verständnis des Erinnerten ermöglicht hat« (Freud, 1950c [1895], S. 447).

Und Freud fährt fort (und hier taucht der Terminus *nachträglich** auf):

> »Dieser Fall ist nun typisch für die Verdrängung bei der Hysterie. Überall findet sich, daß eine Erinnerung verdrängt wird, die nur *nachträglich* zum Trauma geworden ist [das *nachträglich* ist hier tatsächlich hervorgehoben; J. L.]. Ursache dieses Sachverhaltes ist die Verspätung der Pubertät gegen die sonstige Entwicklung des Individuums« (ebd.).

Und dann gibt es noch diese andere Passage:

> »Eine der angeführten [...] von der klinischen Erfahrung gelieferten Bedingungen wäre hiemit in ihrer Bedeutung gewürdigt. *Die Pubertätsverspätung* [natürlich bei Menschen; J. L.] *ermöglicht posthume Primärvorgänge*« (ebd., S. 451).

Hier wird der Ausdruck »posthum« häufiger gebraucht als der Ausdruck »nachträglich«, aber beide haben letztlich eine ähnliche Bedeutung. Dennoch erhält »posthum« nicht den Status eines Begriffs.

[Frage aus dem Publikum; A. d. Ü.]
Was hat es also mit dem *nachträglich** auf sich?

[Antwort; A. d. Ü.]
Es ist zunächst einmal so etwas wie eine verspätete Handlung.

[Frage; A. d. Ü.]
Muss die erste Szene verdrängt sein?

[Antwort; A. d. Ü.]
Nein, die erste Szene ist nicht verdrängt. Sie ist eingeschrieben, ohne verdrängt zu sein. Sie ist zwischen der früheren und der späteren Szene eingeschrieben. Verdrängung findet erst mit der zweiten Szene statt. Die pathogene Verdrängung ist streng genommen der Vorgang, der zum späteren Zeitpunkt stattfindet, zumindest dem allgemeinen Schema nach. Doch in der Tat fehlen viele Glieder, denn man kann kaum verleugnen, dass nicht

schon ein Teil der früheren Szene verdrängt worden ist. Freud verfügt zu diesem Zeitpunkt nur über eine ganz basale Abfolge: präpubertär/postpubertär. Darauf werden die »sexuellen Phasen« zu diesem Zeitpunkt von 1895 reduziert.

[Frage aus dem Publikum; A. d. Ü.]
Was heißt »traumatisch«?

[Antwort; A. d. Ü.]
Die Szene II wird nur traumatisch, weil die Erinnerung daran traumatisiert. Und ihre Erinnerung traumatisiert einerseits, weil sie *mehr Erregung* provoziert als die Szene selbst, und andererseits, weil sie *von innen kommt.* Auf diesen Aspekt bin ich hier nicht eingegangen, weil ich mich nicht zu lange bei dem aufhalten will, was ich schon ausgeführt habe, aber gleichzeitig ist dieser Aspekt der Grund dafür, dass dies *proton pseudos* genannt wird; *proton pseudos* bedeutet nicht, dass die Hysterikerin eine Lügnerin ist, sondern dass die Objektivität sie sozusagen belügt. Irgendetwas belügt sie, und zwar dass eine Erinnerung stärker ist als die Szene selbst, was schließlich im Gegensatz zu allem steht, was wir denken. Die Auswirkungen einer Erinnerung sollten doch schwächer sein als die der Szene selbst. Und zudem wird als zweiter Aspekt der hinterlistigen Täuschung das Ich – das zwischen den beiden Szenen auch ins Spiel kommt – dort attackiert, wo es nicht darauf gefasst ist. Das Ich ist zwar darauf vorbereitet, sich gegen einen Angriff von außen zu verteidigen, wird aber hier von innen angegriffen, von einer Erinnerung. Also Zweizeitigkeit des Traumas, und das bedeutet auch, dass jedes Trauma letztlich wegen des zweiten Zeitpunkts eine *Selbsttraumatisierung* ist, eine *Traumatisierung von innen.* Es bedeutet, dass die Erinnerungsspuren der ersten Szene eine traumatisierende Funktion haben.

Eine nicht zu vernachlässigende Etappe des Freud'schen Denkens

Die Idee einer »aufgeschobenen Handlung«, die aus der englischen Übersetzung »deferred action« hervorgeht, ist letztlich an sich absolut plausibel; damit will ich sagen, dass von der Erinnerung an die Szene sozusagen eine aufgeschobene Handlung ausgeht. Zur ersten Bedingung, dass nämlich diese erste Szene erlebt worden ist, kommt eine zweite Bedingung, oder sogar mehrere spätere Bedingungen, nämlich auf der einen Seite die Tatsache, dass zwischen beiden Szenen die Pubertät liegt, und auf der anderen das zufällige Vorkommen einer zweiten Szene mit assoziativen Verbindungen zur Erinnerung an die erste Szene. Zudem muss man einfach sehen, dass es hier nichts Magisches gibt. Für Freud übt nicht die erste Szene eine Wirkung aus, sondern nur die Erinnerung an diese erste Szene. Freud hat es hier zwar zweifellos mit einem komplexen Zusammenspiel zu tun, dem er in diesem Text nicht vollkommen Herr wird, aber nichts weist von vornherein auf die Notwendigkeit hin, den Zeitpfeil umzukehren. Anders ausgedrückt, dass etwas zu früh und etwas anderes zu spät kommt, *dass also die sexuelle Szene zu früh und die Pubertät zu spät einsetzt, erklärt nicht, dass das eine auf das andere zurückwirkt.* Wie könnte es anders sein in einem Text, der – das ist Freuds wichtigster Antrieb –, deterministisch, ja mechanistisch das Ziel verfolgt, den Verdrängungsprozess durch »Quantitäten und Neuronen« aufzuzeigen, wie es am Anfang dieses »Entwurfs« heißt.[13]

Wir sind nicht am Ende der Entwicklung, und es ist noch nicht der Moment, das offenzulegen, was fehlt oder was sich in dieser Theorie nur in Umrissen erahnen lässt. Die Verführungstheorie muss noch vertieft und vervollständigt werden, ihre nächste zeitweilige Verdunklung liegt noch weit vor uns, sie kommt erst knapp zwei Jahre später.

Späteres Vorkommen des Ausdrucks

Mithilfe des Computers habe ich in den *Briefen an Fließ* gezählt, wie oft der Terminus vorkommt: damit kann man ja die Häufigkeit jedes Wortes erfassen. Dass *nachträglich** zu Beginn des Jahres 1896 viermal vorkommt, trägt nichts wirklich Neues bei. Ich gehe trotzdem auf eine Stelle ein, die deshalb interessant ist, weil das Wort dort sozusagen »umgangssprach-

13 [»[Es ist die] Absicht, eine naturwissenschaftliche Psychologie zu liefern, d.h. psychische Vorgänge darzustellen als quantitativ bestimmte Zustände aufzeigbarer materieller Teile [und sie] damit anschaulich und widerspruchsfrei zu machen. Enthalten [sind] zwei Hauptideen:

[1.)] das, was Tätigkeit und Ruhe unterscheidet, als Q[1] aufzufassen, die dem allgemeinen Bewegungsgesetz unterworfen [ist],

2.) als materielle Teilchen die Neurone[2] zu nehmen« (Freud, 1950c [1895], S. 400); A.d.Ü.]

lich«, wie im Alltag, gebraucht wird. Es ist dieser Satz in einem der Briefe, in dem Freud seine erneute Lektüre von Taine[14] kommentiert:

> »Die ältesten Ideen sind gerade die brauchbarsten, wie ich nachträglich finde« (Freud, 1986, S. 181).

Hier geht es sehr wohl um ein »nachträglich« der Rück*schau.* Wenn Sie so wollen ist es ein *»rückgreifen«**, ein Eintauchen in das Vergangene, ein Zurückgehen, ein »nochmals an Taine denken«, um sich nachträglich zu sagen, dass er gar nicht so schlecht ist; aber offensichtlich gibt es hier nichts von einer Rück*wirkung* [retro*action*].

Die nächste Etappe, der ich mich nun zuwenden möchte, folgt etwas mehr als ein Jahr nach dem »Entwurf«. Es geht um den Brief vom 6. Dezember 1896, den berühmten Brief, in der neuen vollständigen Ausgabe trägt er die Nummer 112 und nicht mehr 52. Diese neue Ausgabe stammt von Masson und ist auf Deutsch unter dem Titel *Briefe an Wilhelm Fließ* bei Fischer erschienen. Es gibt auch eine ebenfalls auf Masson zurückgehende englische Ausgabe (Freud, 1985b). Dagegen ist die französische noch in Arbeit, noch nicht auf der Welt sozusagen, zweifellos aufgrund von Schwierigkeiten.[15]

Der Brief vom 6. Dezember 1896 (52/112)

Dieser Brief 112, über den ich schon des Öfteren gesprochen habe und den ich gleich noch einmal kommentieren werde, dieser Brief 112 ist untrennbar mit einem etwas älteren Brief verknüpft, dem Brief 98 (bzw. 46 in der alten Zählweise). Sie finden jedenfalls beide zum größten Teil in der Ausgabe *La naissance de la psychanalyse* (Freud, 1956). Es gibt also inzwischen eine große zeitliche Distanz zum »Entwurf«. Im Briefwechsel gibt es fruchtbare und weniger fruchtbare Momente.

Um den Kontext zu verdeutlichen, zitiere ich den Anfang, der uns in die Atmosphäre versetzt:

---

14 [Hippolyte Taine (1828–1893): französischer Philosoph, Kritiker und (Kunst-)Historiker im Denken von Historizismus und Positivismus; A. d. Ü.]

15 [Inzwischen liegt die französische Übersetzung des Briefwechsels mit Fließ vor: Freud (2006); A. d. Ü.]

> »Du weißt, ich arbeite mit der Annahme, daß unser psychischer Mechanismus durch Aufeinanderschichtung entstanden ist, indem von Zeit zu Zeit das vorhandene Material von Erinnerungsspuren eine *Umordnung* nach neuen Beziehungen, eine *Umschrift* erfährt [*Umordnung* ist in der französischen Übersetzung »réordonnancement«, *Umschrift* ist »réécriture«; J. L.]. Das wesentlich Neue an meiner Theorie ist also die Behauptung, daß das Gedächtnis nicht einfach, sondern mehrfach vorhanden ist, in verschiedenen Arten von Zeichen niedergelegt« (Freud, 1986, S. 217).

Und Sie werden gleich sehen, dass zwischen diesen Zeichen, dass von der einen zur anderen dieser aufeinanderfolgenden Schriften ein Prozess der Übersetzung stattfindet.

Ohne in die Details zu gehen, will ich doch auf etwas hinweisen, was mit der allgemeinen Architektonik des Freud'schen Denkens zu tun hat. Sie erinnern sich, dass es im »Entwurf einer Psychologie« einen ersten Teil mit dem Titel »Allgemeiner Plan« gab, der eine Art allgemeine abstrakte Psychologie, eine Neuronenpsychologie war, und als zweiten Teil eine historisch[16] ausgerichtete Theorie der Neurosen, aus dem der Fall »Emma« stammt. Das historische Moment kam also erst mit der Theorie der Neurosen zur Darstellung. Hier kann man nun sagen, dass eine völlige Perspektivenumkehrung stattfindet, die *historische Theorie, die Theorie der Nachträglichkeit, wird nämlich zum allgemeinen Bezugsrahmen einer Psychologie oder einer Theorie des psychischen Apparats*. So wird die Verdrängung, die im Entwurf ein pathologisches Phänomen war, hier ein quasi normales Phänomen (auch wenn Freud dies nicht sagt, er geht nicht soweit, es auszusprechen) im Übergang von einer Phase zu einer anderen. Umgekehrt kann man sagen, dass der unhistorische Aspekt des abstrakten Funktionierens *durch diese historische Theorie eingerahmt* wird. Mit anderen Worten funktioniert im Innern jeder einzelnen Phase etwas nach dem Modell des ersten »Entwurf«-Kapitels, während sich die Abfolge der Phasen selbst nach dem zweiten Kapitel richtet. Ich hoffe, dass Ihnen dass hinreichend klar geworden ist.

Was kann man noch sagen? Das eben skizzierte zweizeitige Schema Präpubertät – Postpubertät wird in dem Sinne verallgemeinert, dass von nun an nicht mehr zwei Zeiten, sondern N Zeiten im Spiel sind. Wobei N tatsächlich auf drei oder vier begrenzt wird, je nachdem, von welchen Syste-

16 [»historisch« wird im Folgenden im Sinne der Anamnesis verwendet, das heißt im Sinn der klinischen Geschichte eines Individuums; A. d. Ü.]

men man ausgeht. Aber viel wichtiger ist die Tatsache, dass der Übergang von einer Zeit zur anderen als *Übersetzung* charakterisiert wird. Freud verwendet auch die Wörter Umschrift, Umordnung, aber dieser Prozess wird zu einem späteren Zeitpunkt eindeutig als Übersetzung definiert. Erst im Augenblick der Übersetzung von einem System I in ein zeitlich späteres System II wird deutlich, was verdrängt wird, und genau das meint nach einem Ausdruck Freuds *Versagung der Übersetzung**; das heißt, Verdrängung ist die »Versagung der Übersetzung«. So ist die Verdrängung Versagung. Hier haben Sie den genauen Wortlaut:

> »Die Versagung der Übersetzung, das ist das, was klinisch ›Verdrängung‹ heißt« (Freud, 1986, S. 219).

Das, was von einer Etappe zur nächsten nicht übersetzt wird, ist das Verdrängte.

Nun zur Skalierung [échelle]. Ich hatte Sie gerade darauf hingewiesen, dass es bereits im *Entwurf** notwendig erschien, sich die Historizität des Erinnerungsprozesses, also des Prozesses, der zwischen den Szenen abläuft, auf einer zeitlichen Skala [échelle] vorzustellen. Diese zeitliche Skala ist unverzichtbar, denn es kann nur dann eine Übersetzung geben, wenn es für jede Phase etwas gibt, das mit einer Sprache oder einem Code vergleichbar ist. Freud schreibt:

> »Ich will hervorheben, daß die aufeinanderfolgenden Niederschriften die psychischen Leistungen von sukzessiven Lebensepochen darstellen. An der Grenze von zwei solchen Epochen muß die Übersetzung des psychischen Materials erfolgen. Die Eigentümlichkeit der Psychoneurosen erkläre ich mir dadurch, daß diese Übersetzung für gewisse Materien nicht erfolgt ist, was gewisse Konsequenzen hat« (Freud, 1986, S. 218f.).

Man braucht also wirklich Sprachen, denn die Lebensepochen wären durch Codes zu bestimmen.

Einige Verwirrung in den Schichten

Wenn Sie ins Detail gehen, ist diese Unterscheidung in der Tat missverständlich, um nicht zu sagen ganz und gar verworren: Mehrere Schichten sind in dieser Abfolge von Einschreibungen aufeinandergelegt. Zunächst werden sie je nach dem intellektuellen oder gedanklichen Funktionieren angeordnet. So charakterisiert sich eine erste Epoche durch einen gewissen Assoziationstypus der Ideen, die Simultaneität, die zweite durch Kausalität, die dritte durch die Verbindung mit Wörtern usw. Es gibt somit eine Abfolge, die man »*formell*« nennen könnte, ihr zufolge würde sich das menschliche Wesen im Übergang von der Simultaneität zum Prinzip der Kausalität und dann vom Prinzip der Kausalität zur Verbindung mit den Wörtern entwickeln. Eine andere Abfolge wird dann die vorherige völlig überlagern, was die Sache ziemlich verwirrend macht für die Leser: Diese Abfolge betrifft die *Situierung* des psychischen Apparats im Verhältnis zu einem möglichen Bewusstsein, also eine Ordnung »*topischer*« Natur. Und schließlich würde eine weitere Abfolge die Sexualität und die daran geknüpfte Möglichkeit von Lust und Unlust betreffen – eine Abfolge, die man »*historisch*« nennen könnte.

Natürlich ist es eher hinderlich, solche Sequenzen so aufeinanderzulegen, denn es ergeben sich dann wirklich kaum akzeptable Schaubilder, es sei denn, wir lesen sie als den kreativen Überschaum [bouillonnement créatif], in dem sich Freud zu diesem Zeitpunkt befindet. Zum Beispiel läuft man Gefahr, den Begriff der Kausalität beim Menschen zwischen vier und acht Jahren auftauchen zu lassen oder den Beginn der Sprache – zumindest des Wissens, wie Wörter funktionieren – erst zwischen acht und vierzehn Jahren anzusetzen usw. Zu all dem gehört noch – und daran können Sie die Komplexität des Briefs ablesen und auch nachvollziehen, warum die Herausgeber darauf verzichtet haben, ihn vollständig zu veröffentlichen: Freud wäre allzu leicht wie ein Phantast erschienen – eine Art von Unterbau, der erklärt, was vorangegangen ist und was Freud zu einem bestimmten Zeitpunkt einfach »Oberbau« (Freud, 1986, S. 221) nennt. Diese Suche nach einem Unterbau wird in zwei Richtungen ablaufen. Auf der einen Seite, und das ist das Fließ'sche Denken, wäre der Unterbau von all dem (in jedem Fall ist das natürlich ein biologisches Denken, aber die Fließ'sche Biologie ist wirklich eine ganz besondere »Biologie«) ein Spiel von *Perioden*, das Fließ überall wiederzufinden glaubte, Perioden von 28 Tagen und Perioden von 23 Tagen, wobei sich die 28-tägige Periode auf den weiblichen Zyklus bezieht (die weibliche Periode von 28 Tagen kann man nachvollziehen); was die Periode von 23 Tagen, die männliche Periode, angeht, so konnte mir bislang niemand genau erklären, wie Fließ auf diese Zahl gekommen ist. Wahrscheinlich gibt es dafür einen jüdischen oder kabbalistischen Ursprung; aber ich gebe zu, dass ich das nicht weiß. Jedenfalls ist das der Fließ'sche Unterbau. Viele haben ihn als »verrückt« abgetan. Und in der Tat lässt einen diese Art der komplizierten Rechnereien, denen sich Freud hingibt, um dieses oder jenes neurotische Phänomen ausgehend von den Zahlen 28 und 23 wiederzufinden, einigermaßen perplex zurück.

Aber dann erscheinen erogene Zonen

Aber dahinter taucht eine andere Art Unterbau, von Abfolgen im Körper auf: die Idee von »aufgelassenen Sexualzonen« [zones erogènes abandonées]. Möglicherweise vermischt sich dies mit den Zahlen 28 und 23, die selbst durch Substanzen bestimmt sind, nämlich Angst und Sexualität. Was dann mit einem Mal hervorspringt, ist das Folgende: Die sexuelle Entbindung (sagen wir: »die Entladung«) entspricht sogenannten »erogenen« Zonen des Körpers, aber wenn diese Zonen später aufgegeben werden, produziert die von diesen Zonen ausgehende Entladung Angst. Wie die Herausgeber zu Recht anmerken, erscheint hier zum ersten Mal der Begriff der erogenen Zone und damit auch der Begriff der sexuellen Stadien, die die Fließ'schen Perioden in diesem sogenannten »Unterbau« offensichtlich ersetzen werden. Darüber hinaus würde »in dieser Differenzierung und Einschränkung der Kulturfortschritt, die Moralentwicklung wie die individuelle [Entwicklung]« liegen (Freud, 1986, S. 223). Hier zeigt sich also nicht nur der Gedanke der sukzessiven und aufgegebenen erogenen Zonen, auf den wir einige Jahre später stoßen werden, sondern hier zeigt sich auch der Gedanke, dass diese Entwicklung (die zugleich eine Beschränkung ist) nicht nur das Individuum betrifft, sondern auch mit kulturellem Fortschritt zu tun hat, und damit auch mit der Art, der Phylogenese.

Wie dem auch sei, halte ich nach all diesen komplizierten Dingen an dieser einfachen Idee fest, dass die Nachträglichkeit nur vor dem Hintergrund einer tatsächlichen Periodisierung sinnvoll ablaufen kann, weil dadurch erst unterschiedliche Sprachtypen und Codes bereitstehen.

Auch wenn ich auf diesen Punkt später noch zurückkommen werde, kann ich schon jetzt ein Wort dazu sagen. Sie sehen, dass die Idee, in unterschiedlichen Epochen einen unterschiedlichen Code zur Verfügung zu haben, etwas ganz anderes ist als die im Übrigen recht weit verbreitete Idee einer Determinierung durch den Unterbau. Die Idee eines Unterbaus könnte darauf hinauslaufen, dass jede Entwicklung in Wirklichkeit nur das Ergebnis dieser Basisentwicklung ist; doch nun tritt eine andere Idee in Konkurrenz dazu: nämlich, dass die Basisentwicklung, möglicherweise die biologische Entwicklung, nur den Rahmen bereitstellt, in dem sich ein Prozess abzeichnet, der nicht von diesem Rahmen determiniert ist.

Die Übersetzung, ihre unterschiedlichen Dimensionen und ihr Reichtum

So löst also hier die Idee der *Übersetzung**, von der schon im Brief 98 [30. Mai 1896; A. d. Ü.] die Rede war, in gewisser Weise den rein ökonomischen Standpunkt des »Entwurfs einer Psychologie« ab, ohne ihn jedoch zu beseitigen. Es gibt Passagen, die zeigen, dass es sogar möglich ist, die Notwendigkeit des Übersetzens ökonomisch zu interpretieren. Das heißt, dass die Notwendigkeit des Übersetzens selbst physikalisch erklärt werden muss. Um Freuds Idee noch besser zu erfassen: Die Notwendigkeit zu übersetzen hat etwas mit der Neigung zum »quantitativen Ausgleich« zu tun. Der Hang zum Übersetzen müsste sich von der Neigung des Neuronenapparats, die Erregungsquantitäten in seinem Inneren auszugleichen, ableiten lassen.

In den Überlegungen zur Übersetzung, die für mich persönlich von zentraler Bedeutung sind, ist die Idee der Nachträglichkeit ausdrücklich ein möglicher Weg. Jede Übersetzung kann in einer doppelten Bewegung verstanden werden: Eine Bewegung »richtet sich nach hinten auf das, was zu übersetzen ist«, und die Idee, »sich nach vorne zu richten« auf das hin, was in einer anderen Form ausgedrückt werden soll. Allerdings darf keine der beiden Bewegungen als determinierender als die andere verstanden werden. Sagen wir, dass von beiden gleichermaßen ein Potenzial und auch eine Anforderung in Richtung Determinismus wie auch ein Potenzial oder auch eine Anforderung in Richtung Kreativität ausgehen.

Nehmen wir die »Bewegung nach vorne«: Die Tatsache, dass immer *in* ausgearbeitetere Formen *übersetzt wird*, dass man ausgehend von einer primitiven, einer ungeschliffenen Form »nach vorne geht«, setzt voraus, dass das, was vorher war, ärmlicher ist und angereichert wird, indem es gedeutet wird. Nehmen Sie ein religiöses Musikmanuskript, dann sehen Sie, auf welch extrem rudimentäre Weise uns einige, sagen wir Hymnen oder Lieder oder Gesänge aus dem Mittelalter, sagen wir gregorianische Choräle oder ein »Weihnachten« überliefert sind; diese extrem ungeschliffene einfache Notenschrift ist für ein späteres Arrangement natürlich zu übersetzen, anzureichern, durch eine Deutung, die gleichzeitig ein Übergang zu ausgearbeiteteren Formen ist. Aber gleichzeitig kann die zeitliche »Bewegung nach vorne« als Entwicklung von etwas verstanden werden, das schon da war und das jede zukünftige Übersetzung bestimmen wird. Ebenso kann die »Bewegung nach hinten« des Übersetzers oder des Interpreten als »rückwärtsgewandte Deutung« [»interprétation rétro-active«] (wir werden viel später auf den Ausdruck zurück-fantasiert stoßen) verstanden werden, als eine Deutung, die eine vage Vergangenheit anreichert, weil diese viel ärmlicher war. Wenn die Vergangenheit nur aus ein paar Spuren besteht, können wir aus ihr machen, was wir wollen! Aber wenn sich der Übersetzer im Gegensatz dazu der Vergangenheit eines Textes zuwendet, sucht er dort immer einen zusätzlichen Reichtum, etwas Zusätzliches, was »noch nicht übersetzt« wurde. Und so wie in Freuds Modell jede Übersetzung, dadurch dass sie einen Teil des zu Übersetzenden fallen lässt, dieses Nicht-Übersetzte in ein Verdrängtes verwandelt, so durchforstet der Übersetzer (im professionellen Sinn des Wortes) meistens vorangegangene Übersetzungen: Er übersetzt Freud und berücksichtigt dabei Strachey oder andere ihm vorliegende Übersetzungen, sieht frühere Übersetzungen durch und fügt wieder etwas ein, was fallen gelassen wurde und von dem man sagen könnte, dass es das Verdrängte ist. In dieser zweiten Bedeutung ist »die Bewegung nach hinten« somit keine rein willkürliche Sinngebung, keine rein voluntaristische Interpretation der Vergangenheit, sondern ein Versuch, aus dem Vergangenen, aus dem früheren Text, ja aus dem »Vor-Text« (ich werde vielleicht die Gelegenheit haben, etwas zu diesem »Vor-Text« zu sagen), aus dem vorangegangenen Text all das zusammenzutragen, was dort übrig geblieben ist.

Dieser Brief 112 lässt die Frage nach einem ersten *»zu Übersetzenden«* offen. Das heißt, dass man in der Abfolge der Übersetzungen entweder aufs Geratewohl und zwangsläufig beliebig weit zurückgeht oder dass man der Ansicht ist, es gebe ein »Erstes zu Übersetzendes« [un »premier *à traduire*«]. Dieses Erste zu Übersetzende bezeichnet Freud hier als das *Wahrnehmungszeichen**. Es gibt ein Problem in Bezug auf die Bedeutung dieses *»Zeichens«**: Ist es ein »Zeichen oder ein Index« – an dieser Alternative zeigt sich seine ganze Ambiguität. Ist es selbst eine Art Szene, eine Erinnerung oder eine Spur? Ist es reicher (Zeichen) oder ärmer (Index) als das, in das es übersetzt wird? Diese Frage hat mich beschäftigt. Ich lasse sie hier offen – auch deshalb, weil ich schon oft genug darüber nachgedacht habe.

Was hat es mit dem Wort *nachträglich** in diesem Text auf sich? Ich habe schon darauf hingewiesen, dass das Wort im Brief 112 nur einmal vorkommt, und dass es eher unwichtig für die übersetzerische Theorie ist. Es wird gebraucht, um das nachträgliche Bewusstsein [conscience secondaire] näher zu bestimmen. Wir haben diesen Gebrauch bereits thematisiert, das Bewusstsein von den psychischen Prozessen ist ein an das Wort gebundenes, nachträgliches Bewusstsein und, so fügt Freud hinzu, »ein der Zeit nach nachträgliches«* (Freud, 1986, S. 218). Ins Englische wurde dies mit »subsequent in time« übersetzt. Es liegt auf der Hand, dass »rétroactive« hier nicht geht. Es gibt keine *conscience rétroactive*; und »deferred« konnte im Englischen auch kaum funktionieren. Sie sehen, wie sehr die Idee des *nachträglich**, die Idee der Nachträglichkeit der Übersetzung, die in diesem Text zentral ist, im Vergleich zur Verwendung des Wortes nicht passt, das wie durch eine List des Signifikanten nur an marginaler Stelle auftaucht. Das Wort *»nachträglich«* erscheint wie in der Ecke eines Gemäldes, es bleibt marginal in Bezug auf den zentralen Prozess, der die Idee der Nachträglichkeit in ihren wesentlichen Zügen beschreibt.

Ich mache noch ein bisschen weiter.

Vier Meilensteine

Nach diesem Brief 112 taucht *nachträglich** in den Monaten April bis Mai 1897 an vier Stellen zentral auf. Ich nenne zunächst die Briefnummern, es handelt sich um die Briefe 123, 126, das Manuskript L, das auf das gleiche Datum fällt wie der Brief 126, und Brief 127. Diese vier Passagen sagen dasselbe und ich zitiere Sie nacheinander. Es geht in allen Fällen um die Bildung der »Phantasien« ausgehend von den Erfahrungen, und jedes Mal ist der Ausdruck derselbe: Alles dreht sich um das Verhältnis zwischen »dem Gehörten« und dem »Verstandenen«.

Hier der erste Brief, der Brief 123:

> »Ich meine die hysterischen Phantasien, die regelmäßig, wie ich sehe, auf die Dinge zurückgehen, welche die Kinder früh gehört und erst nachträglich verstanden haben« (Freud, 1986, S. 248) [*Standard Edition*, 1966: *understood later*; J. L.][17].

17 [Hier und in den folgenden drei Zitaten ist Laplanche nicht ganz korrekt: Die Fließ-Briefe

Brief 126 sagt dasselbe:

> »Die Phantasien stammen aus *nachträglich* verstandenem *Gehörten*, sind natürlich in all ihrem Material echt« (Freud, 1986, S. 253) [*Standard Edition: understood later*; J. L.].

Das Manuskript L:

> »[Die Phantasien] sind hergestellt mittelst der Dinge, die *gehört* werden und *nachträglich* verwertet« (Freud, 1986, S. 255) [*Standard Edition: made use of subsequently*; J. L.].

Schließlich der Brief 127, bei dem es um akustische Halluzinationen in der Paranoia geht, aber auch ein Vergleich mit der Hysterie gezogen wird:

> »Die Phantasien stammen auch bei Hysterie aus dem Gehörten und *nachträglich* Verstandenen« (Freud, 1986, S. 259).

Man muss sich klarmachen, dass wir zwei Ebenen haben, zwei mögliche Gegensätze, zu denen »das Gehörte« in Opposition treten kann. Zunächst gibt es »das Hören« im Verhältnis zum »Sehen«, also den möglichen Gegensatz zweier »Sinne« oder »Sensorien«, nämlich des Hör- und des Sehvermögens. Aber meiner Meinung nach gibt es einen viel interessanteren und vielleicht viel radikaleren Gegensatz, den zwischen »hören« und »verstehen«. Und hierbei darf man nicht vernachlässigen, dass »hören«* auf Deutsch nicht nur »hören« [entendre] bedeutet, sondern auch »sagen hören« [entendre dire]. Häufig ist es nicht irgendein Hören auf Deutsch, sondern ein »sagen hören«*. Ich habe nicht die ganze Passage des ersten Briefes (123) zitiert, deshalb reiche ich sie hier nun nach:

> »[Die hysterischen Phantasien gehen auf die Dinge zurück,] welche die Kinder früh gehört und erst nachträglich verstanden haben. Das Alter, in dem sie solche Kunde aufgenommen, ist sehr merkwürdig, von 6–7 Monaten an!« (Freud, 1986, S. 248).

wurden auf Englisch zunächst unter dem Titel *The Origins of Psycho-Analysis* 1954 veröffentlicht und sind nicht Teil der *Standard Edition* (vgl. Freud, 1954); A. d. Ü.]

Die meiner Meinung nach relevante Opposition – über die natürlich auch vorhandene Unterscheidung zwischen zwei Sensorien, dem Hör- und dem Sehvermögen hinaus – ist in der Tat die zwischen »sagen hören« und »verstehen«; dies gibt in meiner Lesart einen entscheidenden Hinweis auf das erste, ursprüngliche »zu Übersetzende«.

Ich nenne hier noch die Daten, mithilfe derer Sie sich leicht zurechtfinden: Brief 123 ist vom 6. April 1897. Der Brief 126 ist vom 2. Mai 1897. Dann haben Sie das Manuskript L, das an den Brief 126 angehängt ist, und schließlich Brief 127 vom 16. Mai 1897. Vier Texte, in denen plötzlich das *nachträglich** auftaucht in enger Bindung an das »hören«* oder das »sagen hören«.

9. Januar 1990

Am Leitfaden von *nachträglich** gehe ich nochmals dahin zurück, wo ich letztes Mal aufgehört habe, dahin, wo die gleiche Formulierung viermal ganz ähnlich auftaucht: »etwas ist *gehört** und erst nachträglich verstanden worden«.

Hören und sagen hören

Was ich betonen möchte, ist, dass »hören«* auf Deutsch häufig »sagen hören« und nicht nur »hören« bedeutet.

Gelegentlich ist dieser Begriff eines »Sagens« im Sinne von etwas bedeuten [signifier] sogar der maßgebliche. In unseren Übersetzungen stoßen wir manchmal auf eine Passage, in der sich der Autor mit der Wendung *»wir haben vorher gehört«** auf etwas bezieht, was er weiter oben im Text geschrieben hat, was wir üblicherweise nicht mit »nous avons entendu plus haut« übersetzen, das wäre kein gutes Französisch, sondern mit »nous avons vu plus haut« [wir haben oben gesehen; A.d.Ü.]. In der Tat, wenn es um die *Lektüre* eines Textes geht, ist das Hören in keiner Weise privilegiert gegenüber dem Sehen.

Ich möchte nun zum Kern des Problems kommen, und dabei so klar wie möglich bleiben. Die Verben »hören«, »sehen«, »tasten«, »riechen« usw. bezeichnen im Deutschen wie im Französischen das, was wir »Sinne« oder »Sensorien« nennen. Freud scheint dem sogar manchmal den Begriff eines »Erlebens« hinzuzufügen (vor allem für das kleine Kind), ein »im Erleben spüren«: das ist das berühmte *Erlebnis**, für das Frau Hawelka (in ihrer französischen Übersetzung des *Tagebuchs des »Rattenmannes«*) den hübschen – und dem Portugiesischen nahen – Ausdruck »vivance« erfunden hat.[18]

18 [Der Neologismus *vivance* wäre etwa mit »gelebte Erfahrung« zu übersetzen (vgl. Freud, 1974); A.d.Ü.]

Was die Sensorien liefern (die Sinnesdaten), sind nicht notwendigerweise Botschaften, vor allem dann nicht, wenn sie aus der unbelebten Natur kommen. Das Transponieren von Daten eines Sensoriums in die eines anderen hat gelinde gesagt etwas Zufälliges. Ist ein musikalisches »c« eher blau oder eher gelb? Als Beispiel haben wir Rimbauds berühmtes »Vokalsonett«, in dem man sich abmüht, latente, unsichtbare Sinnbrücken herzustellen zwischen diesem Vokal und jener Farbe. Diesem Bereich der *Sensorien* muss man den der *Botschaften* gegenüberstellen. *Und jedes Sensorium ist in der Lage, Botschaften zu übermitteln,* ja es kann sogar mit einem vollständigen Nachrichtencode ausgestattet sein. Natürlich gehen wir gewöhnlich davon aus, dass Wortbotschaften in den Bereich des Hörens fallen (und das ist auch der Grund dafür, dass ein »hören«, wie wir schon gesehen haben, leicht mit einem »sagen hören« gleichgesetzt wird). Aus reiner Bequemlichkeit setzen wir voraus, dass uns das Visuelle nur einen Abklatsch [décalque] des Hörens liefern kann, und dies wäre dann das Geschriebene. Aber es gibt rein visuelle Codes, ohne jede Vermittlung durch die gesprochene Sprache (semiotische Codes), und es ist vielleicht sogar denkbar, dass alle Sensorien Träger spezifischer Codes sein können.

Freud geht nun in den Briefen, die wir untersuchen, in eine ganz bestimmte Richtung weiter: Nicht der Übergang von einem Sensorium zu einem anderen – zum Beispiel vom Hören zum Sehen – steht im Zentrum, sondern der Übergang von *irgendeinem Sensorium zum »Verständnis«* dieses Sensoriums. Wir übertreiben also nicht wirklich, wenn wir sagen, dass das während der Kindheit »Wahrgenommene«, das »Empfundene« der Kindheit etwas in sich trägt, das nachträglich *verstanden* werden muss. Das »Gesehene«, das »Gehörte«, sogar das »Erlebte« tragen latente Botschaften in sich, die das Subjekt zu einem zweiten Zeitpunkt – *nachträglich** – versuchen muss zu übersetzen. Es handelt sich dabei um keine leblosen, rein sensorischen Stoffe, und auch nicht um »Geräusche«, sondern diese Botschaften tragen so etwas wie eine *Aufforderung zur Übersetzung* in sich. Die Bedeutung ihrerseits ist nicht nur rückwärtsgerichtet, ergibt sich nicht nur aus einer rückwärtigen Bewegung: Sie ist die Antwort auf einen früheren latenten Kommunikationsversuch. Das *Hören** ist beim menschlichen Wesen nicht ein reines »Hören«, es ist ein *sagen hören** und das »Sagen-Hören« ist seinerseits etwas, das »zu übersetzen« ist, ja sogar das, was ursprünglich »zu übersetzen« ist.

Nach dieser Präzisierung können wir nun zur *Genese eines Begriffs* im Denken Freuds kommen: zur »*Nachträglichkeit*«*.

Geburt eines Begriffs und eines Terminus: *Nachträglichkeit**

Auch diejenigen von Ihnen, die kein Deutsch verstehen, müssen sich ein paar »barbarische« Wörter zu Gemüte führen. Es ist nicht sehr schwer. Das Ausgangsadjektiv und -adverb ist *nachträglich** und das abgeleitete Substantiv ist *Nachträglichkeit** (der Großbuchstabe kennzeichnet das Substantiv), denn das Deutsche besitzt ja die Fähigkeit, mithilfe einer Gruppe von Suffixen, *-heit, -keit, -ung* usw. neue Substantive zu bilden. Freilich wird diese sprachliche Möglichkeit nicht immer realisiert. So ist *Nachträglichkeit** nicht in den Wörterbüchern aufgeführt: Das Wort ist eine Neubildung Freuds, ist aber dennoch völlig korrekt abgeleitet.

Homonymie und Übersetzung

Auf der anderen Seite ist dieses Thema der Geburt eines Begriffs schwer abtrennbar von einem anderen Problem: dem der »Homonymien«, oder genauer gesagt, von einem doppelten Problem: *der Homonymie* auf der einen Seite und auf der anderen der Art, wie sie die Prüfung durch die *Übersetzung* übersteht. Ich versuche dies so kurz und so klar wie möglich darzustellen; verwiesen sei auch auf die Passagen von *Traduire Freud* (vgl. Bourguignon et al., 1989), die diesem Problem gewidmet sind.

Unter »Homonymie« verstehen wir die Tatsache, dass ein einziger Signifikant unterschiedliche Signifikate trägt.

Der Sprachwissenschaftler Charles Bally unterscheidet zu Recht Homonymie und Polysemie. Ich für meinen Teil gehe noch ein wenig weiter und möchte drei Möglichkeiten unterscheiden, indem ich Ballys Polysemie in zwei Arten aufteile:

Bally	Laplanche
Homonymie	echte Homonymie
Polysemie	{ Quasi-Homonymie falsche Homonymie

Um es kurz zu machen, kann man sagen, dass die interessantesten Fälle sowieso die Grenzfälle sind: die Quasi-Homonymie und vor allem die falsche Homonymie.

Bei der *echten Homonymie* kann man sich nicht täuschen zwischen den beiden Wörtern, die zwar identisch sind, aber völlig unterschiedliche Bedeutungen tragen. Die beiden Wörter haben oft:

- eine unterschiedliche Herkunft
- einen unterschiedlichen Eintrag in den Wörterbüchern

Zwei Beispiele:

- *étalon* »Währungsstandard, Eichmaß« vs.
- *étalon* »Zuchthengst«

Oder:

- *pompe* »Prunk, Pomp« mit einer griechischen Etymologie vs.
- *pompe* »Pumpe« mit einer lateinischen Etymologie[19]

Ich habe gerade gesagt, dass man sich hier nicht täuschen kann ... jedenfalls nicht bewusst. Denn das Unbewusste spielt sein Spiel mit diesen Homonymien, im Traum oder im Witz. So haben die »Kommunionkinder«, die man früher aufgefordert hat, »dem Satan zu entsagen, seinem Pomp und seinen Werken« [»renoncer à Satan, à ses pompes et à ses œuvres«], die Dinge schnell mit dieser Formel ins Lächerliche gezogen: »Ich entsage dem Satan, seinen Pumpen und Rohren« [»à ses pompes et à ses tuyaux«].

In jedem Fall ist die echte Homonymie streng an die Einzelsprache gebunden und deshalb ganz und gar unübersetzbar, und der Witz, der auf ihr aufbaut (das Wortspiel), kann nicht in eine andere Sprache übertragen werden. Dagegen bringen die Begriffe der Quasi-Homonymie und der falschen Homonymie das Sprachbewusstsein des sprechenden Subjekts ins Spiel, und die Übersetzung als Test oder Prüfstein.

In der *Quasi-Homonymie* haben wir ein *gleiches Wort*, aber mit deutlich verschiedenen *Bedeutungen*, die in den Wörterbucheinträgen in Unter-

19 [Neuere Etymologien gehen bei frz. *pompe* »Pumpe« von einem niederländischen Etymon aus, das Mitte des 15. Jahrhunderts ins Französische kam und Mitte des 16. Jahrhunderts seine figurative Ausdehnung im Sinne von »Schuhe« erfuhr (vgl. *Dictionnaire historique de la langue française*, hrsg. v. A. Rey, 1998); A. d. Ü.]

punkten zu dem jeweiligen Worteintrag aufgeführt und von den Sprechern leicht erkannt werden. Nehmen wir unsere »pompes« von eben. Neben der echten Homonymie (»Pumpe« vs. »Pomp«) stoßen wir auf eine andere vertraute Homonymie, die sich auf Schuhe bezieht (Pumps). Zwischen den Pumpen der Feuerwehrleute und den Pumps des Schusters gibt es mehr als eine gemeinsame Brücke, es gibt dieselbe Etymologie und Bedeutungsableitung: die alten durchlöcherten Schuhe saugen Wasser auf und drängen es zurück. Im Übrigen stehen die beiden Bedeutungen (»Pumpe« und »Pumps«) im Wörterbuch unter demselben Eintrag. Aber in einem gegebenen Kontext lässt sich das Subjekt nicht täuschen: »Hol mir meine Pumps« [»Va chercher mes pompes«], sagt die Dame zu ihrem Diener; »Hol mir die Pumpen« [»Va chercher les pompes«], befiehlt der Feuerwehrhauptmann.

Diese Quasi-Homonyme bewahren indes die Spuren ihrer Zugehörigkeit, für die ihr Übersetzer sensibel sein muss und versuchen muss, die eine oder andere Mehrdeutigkeit in der Übersetzung wiederzugeben. So wird er zum Beispiel, wenn er das französische »homme« vor sich hat, sich einmal für *Mann* und ein andermal für *Mensch* entscheiden. Dennoch gibt es Grauzonen, die einen länger nachdenken lassen: Etwa ob »le grand homme« im Deutschen *der große Mensch* ist, wie es sein sollte, oder ob es *der große Mann* heißen muss, wie Freud (in *Der Mann Moses*; 1939a [1934–38], S. 214f.) schreibt? Ruft nicht die biblische Formulierung »Gott schuf den Menschen nach seinem Bild« [»Dieu créa l'homme à son image«] eine männlich-zentrierte Lesart auf?

Noch interessanter ist schließlich die *falsche Homonymie.* Um sie aufzuspüren, ist es unerlässlich, von der einen Sprache in eine andere Sprache überzugehen. Französischsprachige sehen im Wort »femme« eine Sinneinheit, aber beim Übersetzen ins Deutsche muss man jedes Mal zwischen *Weib* und *Frau* wählen: zwei völlig unterschiedliche Ausdrücke, die keinesfalls als »Synonyme« betrachtet werden dürfen. Das Umgekehrte gilt für den deutschen Ausdruck *Bedeutung*, der im Französischen zwischen »signification« und »importance« oszilliert, und dies oft auf unentscheidbare Weise; das geht soweit, dass die Übersetzer der OCF.P [*Œuvres Complètes Françaises de Psychanalyse*; A. d. Ü.] festgelegt haben, das moderne Wort »significativité« zu verwenden, das beide Nuancen enthält.

Es gibt also von einer Sprache zur anderen eine Art Diffraktion, und sie fällt *unterschiedlich* aus, sobald man mehrere Sprachen miteinbezieht.

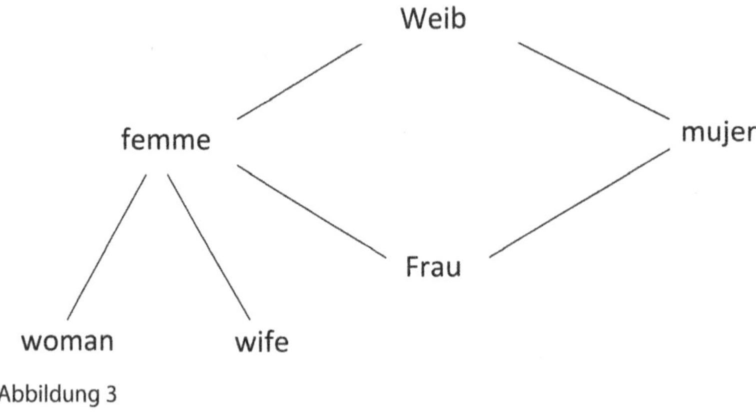

Abbildung 3

Ich möchte hierzu vier Bemerkungen anfügen.

Anmerkungen eines Übersetzers

Zunächst sind die Grenzen nicht so klar, wie mein Hinweis zu Quasi-Homonymen und falschen Homonymen es nahelegt.

Zweite Bemerkung: Die falsche Homonymie ist keinesfalls unergiebig. Sie ist kein einfaches Artefakt. Mit Verweis auf eine der zentralen Formeln von *Traduire Freud*, die Antoine Berman entliehen ist, würde ich sogar behaupten, dass sie das Beispiel par excellence für »die Prüfung durch das Fremde« ist. Wir werden es bei *»nachträglich«** sehen, aber es trifft auch auf viele andere Beispiele zu: Die Analyse des Übersetzers, diese Diffraktion, die das mögliche Bedeutungs- und Gebrauchsspektrum eines Wortes wie in einem Kristall auffächert, diese übersetzerische Analyse wirkt insofern auf die Ursprungssprache zurück, als sie sie durch diese unterschiedlichen Lesarten bereichert.

Dritte Bemerkung: Eine Verehrung dieser oder jener Sprache kommt nicht infrage; das wäre lächerlich. Ich denke hier besonders an eine Verehrung einer sakrosankten deutschen Sprache, voller sogenannter »Reichtümer«, die einmal äußerst konkret, ein andermal höchst philosophisch wären etc. Und das nächste Mal wird das Deutsche für seine Tiefe und seine Polysemien bewundert, wenn es die Dinge in einem einzigen Ausdruck verdichtet. Man sagt: Welch ein Reichtum in einem einzigen Wort, es kann dies und auch noch das bedeuten. Umgekehrt wird die deutsche Sprache jedoch auch verehrt für ihre vielfältigen Nuancen, wenn sie über mehrere Wörter verfügt, wenn sie etwa mehr Wörter als das Französische zur Verfügung hat. Im einen Fall sagt man: »Den Reichtum dieses Wortes, das so viele Bedeutungen in sich trägt, kann man in einer anderen Sprache nicht wiedergeben«, und im anderen Fall: »Das Französische ist schon ziemlich arm, weil es nur drei Wörter zur Verfügung hat, wo das Deutsche über zehn verfügt.« Was ich mit diesen Beispielen zu zeigen versuche, ist, dass sich das Verhältnis zwischen den Sprachen andauernd ändert und dass das Französische beim Beispiel »homme« polysemer und vager ist als das Deutsche, während es bei *»Bedeutung«* * genau umgekehrt ist.

Mein vierter Punkt in Bezug auf diese sprachwissenschaftliche Frage der Homonymie betrifft schließlich die zentrale Wichtigkeit der »Prüfung durch das Fremde«, die manchmal ein einfacher Test, manchmal eine Sinn-Prüfung und manchmal eine wahrhaft kulturelle Erfahrung darstellt. Diese »Prüfung durch das Fremde« geschieht durch die Übersetzung, und ich verweise Sie bei diesem Thema auf einen kürzlich in der *Revue française de psychanalyse* erschienenen Artikel von Janine Altounian, einem Mitglied der Freud-Übersetzergruppe, mit dem Titel »Humour et exil dans l'écriture freudienne« [»Humor und Exil im Freud'schen Schreiben«; A. d. Ü.]. Für die Prüfung durch das Fremde das Exil zu betonen, heißt meiner Ansicht nach, vor allem eine ihrer Dimensionen zu betonen, nämlich den Verlust. Doch der Verlust findet notwendigerweise sein Gegenstück, denn das Exil in der fremden Sprache bedeutet nicht nur Verlust, sondern es bedeutet auch Fruchtbarkeit. Und die ganze Dialektik des deutschen Denkens von Hölderlin bis Hegel und bei so vielen anderen betont immer wieder, dass *im äußersten Fremden* das *Eigene**, das, was einem eigen ist, *näher rückt*. Ich möchte, da ich gerade Hölderlin erwähnt habe, diese Verse des Gedichts *Mnemosyne* zitieren (Mnemosyne ist der Name der Göttin des Gedächtnisses):

> Ein Zeichen sind wir, deutungslos,
> Schmerzlos sind wir und haben fast
> Die Sprache in der Ferne verloren.*[20]

20 [Laplanche zitiert den Text auf Deutsch, begleitet von dieser französischen Übersetzung: »Nous sommes un signe, sans interprétation,/sans douleur nous sommes et avons presque/perdu le langage à l'étranger.«; A. d. Ü.]

Hölderlin war sicherlich ein großer Übersetzer und ein großer Schizophrener. Wichtig ist das »fast«: »fast verloren«. Es kennzeichnet entweder einen Punkt ohne Rückkehr oder eine mögliche Rückkehr, eine mögliche Übersetzung. Denn die Übersetzung ist eine Prüfung und eine Rückkehr, ein Verlust und ein glückliches Wiedersehen. Das ist es auch, worum es in der Schizophrenie geht, aber für den Moment werde ich diese Frage beiseiteschieben.

Homonymie, Konkretisierung des Begriffs

Warum habe ich Ihnen diesen ziemlich langen und gleichzeitig doch zu kurzen Exkurs über die Formen der Homonymie zugemutet? Weil Quasi-Homonymie und falsche Homonymie den Prozess der Begriffsbildung und -kristallisation bereichern.

Was uns hier beschäftigt, ist, wie ausgehend von der möglichen Polysemie von *nachträglich** der Begriff und das Substantiv *Nachträglichkeit** entsteht. Konkret gab es durch die Freud-Übersetzung einen doppelten Effekt, eine doppelte Prüfung durch das Fremde. Die englischen Übersetzer haben sich für die Diffraktion der Übersetzungen entschieden; mit dem französischen Text hätten wir so etwas wie eine Refraktion, und die Rückkehr zur Einheit. Der englische Übersetzer lässt sich dazu verleiten, die Freud'schen Verwendungen von *nachträglich** so zu behandeln, als würden sie klar unterschiedliche Bedeutungen haben. Er bricht somit die folgenden Bedeutungen heraus:

- später in der Zeit: *later, subsequently*
- mit einer verspäteten, aufgeschobenen Auswirkung, das ist die berühmte *»deferred action«*
- und schließlich: rückblickend [rétrospectif]

Die französischen Übersetzer, weniger Lacan, sondern vor allem diejenigen, die seinem Anstoß gefolgt sind, mögen sich die Frage nach der Einheit dieser Bedeutungen gestellt haben, für die sie dann den Terminus »après-coup« wählen. Aber vor Lacan hatten auch die französischen Übersetzer die einfache englische Lösung gewählt, das heißt, sie hatten für eine Vielzahl von Bedeutungen »je nach Kontext« votiert; und damit den Signifikanten aufgegeben.

Nun, wie meistert Freud den Übergang (und meistert er überhaupt den Übergang?) von einem ziemlich vage verwendeten und jedenfalls in adjektivisch-adverbialer Form gebrauchten Ausdruck *(nachträglich*)* zu einem ausformulierten Begriff *Nachträglichkeit**?

Die paradoxe Entwicklung des Begriffs

Die Entwicklung verläuft wirklich sehr paradox und verdient Ihre erhöhte Aufmerksamkeit. Wir haben zuletzt die Zeit von April/Mai 1897 betrachtet, Freud auf dem Höhepunkt der Verführungstheorie, in einem Moment, in dem er in alle Richtungen über den Ursprung und die Struktur des »Phantasierens« nachdenkt. Nun wird der Ausdruck nachträglich (Adjektiv und Adverb), der eine der Triebfedern dieses Nachdenkens ist, einem totalen *Fading* unterworfen, bis er schließlich am 14.11.1897 in Form eines *Substantivs* wiederauftaucht. Aber in der Zeit dazwischen, zwischen Mai und November, ist es eben genau die Theorie der Verführung, die, wie es so schön heißt, »aufgegeben« wird.

Der Brief der Tagundnachtgleiche (1897)

Es geht, wie Sie wissen, um den berühmten Brief vom 21.9.1897, den Brief Nummer 69-130, den ich gerne den »Brief der Tagundnachtgleiche« nenne, weil er auf den Tag der herbstlichen Tagundnachtgleiche fällt, das Ende der Sommerzeit und der Beginn der Herbstzeit. Hier ist der Text (Freud, 1986, S. 283–286):

»Wien, 21. Sept. 97

Dr. Sigm. Freud
Dozent für Nervenkrankheiten
a.d. Universität IX., Berggasse 19

Teurer Wilhelm!

Hier bin ich wieder, seit gestern früh, frisch, heiter, verarmt, derzeit beschäftigungslos, und schreibe dir zuerst nach hergestellter Wohnbarkeit. Und nun will ich Dir sofort das große Geheimnis anvertrauen, das mir in den letzten Monaten langsam gedämmert hat. Ich glaube an meine Neurotica[21] nicht mehr. Das ist wohl nicht ohne Erklärung verständlich; Du hast ja selbst glaubwürdig gefunden, was ich Dir erzählen konnte. Ich will also historisch beginnen, woher die Motive zum Unglauben gekommen sind. Die fortgesetzten Enttäuschungen bei den Versuchen, eine Analyse zum wirklichen Abschluß zu bringen, das Davonlaufen der eine Zeitlang am besten gepackten Leute, das Ausbleiben der vollen Erfolge, auf die ich gerechnet hatte, die Möglichkeit, mir die partiellen Erfolge anders, auf die gewöhnliche Art zu erklären: dies die erste Gruppe. Dann die Überraschung, daß in sämtlichen Fällen der *Vater* als pervers beschuldigt werden mußte, mein eigener nicht ausgeschlossen, die Einsicht in die nicht erwartete Häufigkeit der Hysterie, wo jedesmal dieselbe Bedingung erhalten bleibt, während doch solche Verbreitung der Perversion gegen Kinder wenig wahrscheinlich ist. (Die Perversion muß unermeßlich häufiger sein als die Hysterie, da ja Erkrankung nur eintritt, wo sich die Ereignisse gehäuft haben und ein die Abwehr schwächender Faktor hinzugetreten ist.) Dann drittens die sichere Einsicht, daß es im Unbewußten ein Realitätszeichen nicht gibt, so daß man die Wahrheit und die mit Affekt besetzte Fiktion nicht unterscheiden kann. (Demnach blieb die Lösung übrig, daß die sexuelle Phantasie sich regelmäßig des Themas der Eltern bemächtigt.) Viertens die Überlegung, daß in der tiefgehendsten Psychose die unbewußte Erinnerung nicht durchdringt, so daß das Geheimnis der Jugenderlebnisse auch im verworrensten Delirium sich nicht verrät. Wenn man so sieht, daß das Unbewußte niemals den Widerstand des Bewußten überwindet, so sinkt auch die Erwartung, daß es in der Kur um-

21 *Meine neurotica.* Die deutsche Satzkonstruktion lässt unentschieden, ob das lateinische Wort *neurotica* ein Feminin Singular oder ein Neutrum Plural ist. Mehrere Argumente sprechen für den Plural. Im Brief 119 (Freud, 1986, S. 139), verwendet Freud den Ausdruck *in neuroticis* (also einen Dativ Plural) »in den Dingen der Neurose«, das heißt im Bereich der Neurose. Zum Zweiten beugt Freud auch lateinische Wörter, wenn er sie in einem deutschsprachigen Kontext verwendet: *meine Libido gegen matrem … sie nudam zu sehen** (Brief 141; Freud, 1986, S. 288). Wenn *neurotica* im Singular wäre, hätte er somit schreiben müssen: *»an meine Neuroticam«*. Und schließlich wurde 1891 unter dem Titel »Neurotica« von Felix Dörmann eine Gedichtsammlung veröffentlicht, die wegen Immoralität verboten wurde. Der Titel »Neurotica« ist offensichtlich ein Plural, wie diese Passage von Karl Kraus zeigt: »›Neurotica‹ wurden confiszirt, und hatten ›Sensationen‹, diese aber ›Gelächter‹ im Gefolge« (Kraus, 1897 [1897], S. 29).

gekehrt gehen müßte bis zur völligen Bändigung des Unbewußten durch das Bewußte.

Soweit beeinflußt wurde ich bereit, auf zweierlei zu verzichten, auf die völlige Lösung einer Neurose und auf die sichere Kenntnis ihrer Ätiologie in der Kindheit. Nun weiß ich überhaupt nicht, woran ich bin, denn das theoretische Verständnis der Verdrängung und ihres Kräftespieles ist mir nicht gelungen. Es erscheint wieder diskutierbar[22], daß erst spätere Erlebnisse den Anstoß zu Phantasien geben, die auf die Kindheit zurückgreifen, und damit gewinnt der Faktor einer hereditären Disposition einen Machtbereich zurück, aus dem [ihn] zu verdrängen ich mir zur Aufgabe gestellt hatte – im Interesse der Durchleuchtung der Neurose.

Wäre ich verstimmt, unklar, ermattet, so wären solche Zweifel wohl als Schwächeerscheinungen zu deuten. Da ich im gegensätzlichen Zustande bin, muß ich sie als Ergebnis ehrlicher und kräftiger intellektueller Arbeit anerkennen und stolz darauf sein, daß ich nach solcher Vertiefung solcher Kritik noch fähig bin. Ob dieser Zweifel nur eine Episode auf dem Fortschreiten zur weiteren Erkenntnis darstellt?

Merkwürdig ist auch, daß jedes Gefühl von Beschämung ausgeblieben ist, zu dem doch ein Anlaß sein könnte. Gewiß, ich werde es nicht in Dan erzählen, nicht davon reden in Askalon, im Lande der Philister[23], aber vor Dir und bei mir habe ich eigentlich mehr das Gefühl eines Sieges als einer Niederlage (was doch nicht recht ist).

Wie schön, daß jetzt eben Dein Brief kommt! Er veranlaßt mich, einen Vorschlag voranzustellen, mit dem ich schließen wollte. Wenn

22 Allein aus der Perspektive der Übersetzung kann ein Wort zu einer Fehlinterpretation führen, nämlich das Wort *»diskutierbar«** , wenn man es mit »discutable« übersetzen würde. Denn »discutable« hat im Französischen eine rein negative Bedeutung, nämlich die Bedeutung *contestable* »bestreitbar/anfechtbar«. Wenn Freud »bestreitbar«, »anfechtbar« hätte sagen wollen, hätte er einen anderen Ausdruck (zum Beispiel *anfechtbar**) verwendet. Hier muss das im Deutschen selten verwendete *»diskutierbar«** deshalb in einem positiven Sinn verstanden werden: »einer Diskussion würdig‹«; aus diesem Grund habe ich es in meiner Übersetzung mit *»envisageable«* [»denkbar«; A. d. Ü.] wiedergegeben.

23 Anspielung an 2 Sam 1,20: »Sagt's nicht an in Gat, verkündet's nicht auf den Gassen in Aschkelon, daß sich nicht freuen die Töchter der Philister, daß nicht frohlocken die Töchter der Unbeschnittenen« (Thompson: *Studienbibel*).

ich Samstag abends in dieser faulen Zeit auf die Nordwestbahn gehe, bin ich Sonntag mittags bei Dir und kann die nächste Nacht zurückreisen. Kannst Du Dir den Tag für ein Idyll zu zweien, unterbrochen durch eines zu dreien und dreieinhalb, frei machen? Das wollte ich fragen. Oder hast Du einen lieben Gast im Hause oder Dringendes außerhalb zu tun? Oder, wenn ich am Abend nach Hause abreisen muß, was sich dann nicht lohnen würde, gelten dieselben Bedingungen für den Fall, daß ich Freitag abends zur Nordwestbahn gehe und 1½ Tage bei Dir bleibe? Ich meine natürlich diese Woche.

Nun setze ich meinen Brief fort. Ich variiere das Hamlet'sche Wort »To be in readiness«[24] – Heiter sein ist alles. Ich könnte mich ja sehr unzufrieden fühlen. Die Erwartung des ewigen Nachruhms war so schön und des sicheren Reichtums, die volle Unabhängigkeit, das Reisen, die Hebung der Kinder über die schweren Sorgen, die mich um meine Jugend gebracht haben. Das hing alles daran, ob die Hysterie aufgeht oder nicht. Nun kann ich wieder still und bescheiden bleiben, sorgen, sparen, und da fällt mir aus meiner Sammlung die kleine Geschichte ein: Rebekka, zieh das Kleid aus, du bist keine Kalle[25] mehr. Aber ich bin trotz alledem sehr heiter und zufrieden, daß Du ein ähnliches Bedürfnis empfindest mich wieder zu sehen wie ich Dich.

Eine kleine Angst bleibt übrig. Was verstehe ich noch von Deinen Sachen? Sicherlich unfähig, sie kritisch zu beurteilen, werde ich kaum im Stande sein, sie zu begreifen, und der Zweifel, der dann entsteht, ist nicht wie mein eigener Zweifel an meinen Sachen ein Produkt intellektueller Arbeit, sondern ein Ergebnis geistiger Unzulänglichkeit. Du hast es besser, Du kannst alles, was ich bringe, übersehen und ein kräftiges Wort darüber fallen lassen.

Noch etwas muss ich anfügen. In diesem Sturz aller Werte ist allein das Psychologische unberührt geblieben. Der Traum steht ganz sicher da, und meine Anfänge metapsychologischer Arbeit haben an Schätzung nur gewonnen. Schade, daß man vom Traumdeuten z. B. nicht leben kann.

---

24 Shakespeare, *Hamlet*, V, 2: »The readiness is all«.

25 Das jiddische Wort *Kalle* »Verlobte« könnte eine Anspielung auf die zweite Frau von Jakob Freud mit Namen Rebekka sein (vgl. Granoff, 1975, S. 320ff. und Balmary, 1979, S. 67ff.).

Martha ist mit mir nach Wien gekommen, Minna und die Kinder bleiben noch eine Woche draußen. Sie haben sich alle ausgezeichnet befunden.

Mein Schüler Dr. Gattel war ein Stück von einer Enttäuschung. Sehr begabt und feinsinnig, ist er durch seine eigene Nervosität und durch mehrfache unvorteilhafte Züge seines Charakters doch eigentlich als ungenießbar zu klassifizieren.

Wie es Euch geht und was sich sonst zwischen Himmel und Erde tut, hoffe ich – Deine Antwort vorweggenommen – bald selbst zu erfahren.

Herzlichst Dein Sigm.«

Ich habe nicht die Absicht, den ganzen Brief noch einmal zu diskutieren, sondern möchte hier nur einige Punkte herausheben:

1. Dieser Brief leitet eine radikale Neubewertung der Verführungstheorie ein. Als solchen kann man ihn tatsächlich als Versuch der »Falsifikation« im Popper'schen Sinne ansehen. Die Verführungstheorie ist widerlegbar, sowohl durch tatsächliche (»klinische«) Argumente als auch durch allgemeine (anthropologische, ja sogar statistische) Betrachtungen.
2. Eines der Hauptargumente ist, dass man mithilfe der Erinnerung nie an das anfängliche Ereignis herankommt. Nun ist aber die Verführungstheorie untrennbar mit der Idee des zweizeitigen Traumas verknüpft, das man vereinfacht folgendermaßen darstellen kann:

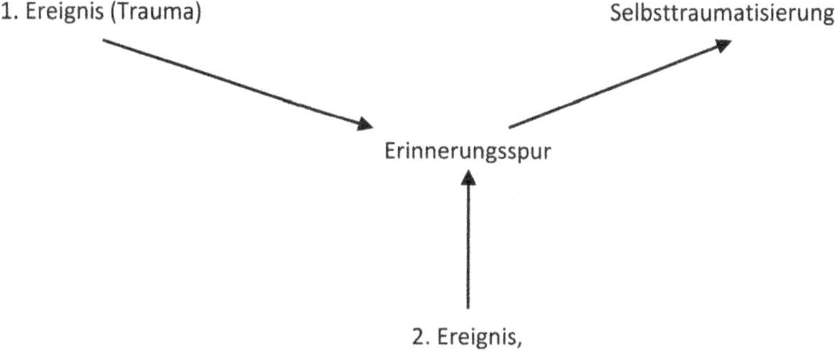

Abbildung 4

Durch diese Abfolge ist das erste Ereignis (das Trauma) ein von innen verursachtes, unabwendbares Trauma geworden, ein durch die eigene Libido des Subjekts verursachtes Trauma.

Aber in dem Moment, in dem sich das erste Ereignis entzieht, bricht das ganze System zwangsläufig zusammen.

3. Die sich daran anschließenden Überlegungen Freuds lassen sich folgendermaßen schematisch darstellen:
   a) Das anfängliche Ereignis lässt sich nicht erfassen.
   b) Von daher lassen sich die Phantasien auf den Einfluss späterer Ereignisse zurückführen, auf eine *rückwärtsgewandte* Einbildungskraft [une imagination *rétroactive*].
   c) Aber diese Lösung genügt Freud nicht und sie wird ihm nie genügen. Er wird immer gegen die Hypothese eines reinen »Zurück-Phantasierens« ankämpfen, wonach die Vergangenheit von der Gegenwart aus geschaffen wird.
   d) Infolgedessen muss diese rückwärtsgewandte Einbildungskraft ihren Haltepunkt finden, der, da er nicht mehr in der individuellen Geschichte liegen kann, in der Geschichte der Art und in der Übertragung hereditärer Anlagen gesucht werden muss. Wir sehen, wie sehr Freuds phylogenetische Hypothesen durch die Aufgabe der Verführungstheorie bedingt sind: Er möchte unbedingt einen realen Ausgangspunkt finden, eine Stütze für die ganze spätere Entwicklung, des »Triebes« (im Freud'schen Sinn), der Urphantasien usw. usf. *»Im Anfang war die Tat«**, lauten zum Beispiel die letzten Worte von *Totem und Tabu*, die die Realität des prähistorischen Vatermords betonen sollen.
   e) Angemerkt sei schließlich das Zusammentreffen dieser beiden Aspekte einer *neuen* Theoretisierung in ein und demselben Satz: die Möglichkeit einer rückwärtsgewandten Einbildungskraft und die Rehabilitation der Vererbungstheorie, die für Freud von nun an untrennbar miteinander verbunden sind: »Es erscheint wieder diskutierbar, daß erst später Erlebnisse den Anstoß zu Phantasien geben, die auf die Kindheit zurückgreifen, und damit gewinnt der Faktor einer hereditären Disposition einen Machtbereich zurück, aus dem [ihn] zu verdrängen ich mir zur Aufgabe gestellt hatte – im Interesse der Durchleuchtung der Neurose.«

4. Wir müssen noch daran erinnern, dass die Verführungstheorie mit diesem Brief der Tagundnachtgleiche nicht gestorben ist:

a) Wir finden bei Freud selbst weiterhin die Suche nach einer prototypischen Verführungsepisode in der individuellen Geschichte. Diese Suche, die das Buch von J. Lanouzière mit dem Titel *Histoire secrète de la séduction sous le règne de Freud* [»Geheime Geschichte der Verführung unter Freuds Herrschaft«; A.d.Ü.] (Lanouzière, 1991) nachzeichnet, hat mehr den Charakter einer allgemeinen Hypothese als eines klinischen Forschens. Der zentrale Punkt dieser Suche ist die von nun an berühmte Passage der *Neuen Vorlesungen*, in der die Mutter als die Hauptverführerin erscheint:

> »Hier aber berührt die Phantasie den Boden der Wirklichkeit, denn es war wirklich die Mutter, die bei den Verrichtungen der Körperpflege Lustempfindungen am Genitale hervorrufen, vielleicht sogar zuerst erwecken mußte« (Freud, 1933a, S. 167).

Es bleibt aber dennoch festzuhalten, dass Freud die Verführungs*theorie* nicht wieder zur Achse der Metapsychologie macht.

b) Man muss klar sagen, was alles in einer Passage wie der zuletzt zitierten fehlt, um eine wahrhafte Renaissance der »Verführungstheorie« in einer allgemeinen Form zu ermöglichen.
   - Es fehlt der Aspekt der *Botschaft*: Die mütterliche Handlung wird auf das Verrichten der Pflege reduziert, ohne dass irgendeine *Gerichtetheit* der Mutter auf das Kind zur Sprache käme.
   - Es fehlt die Erwähnung der mütterlichen *Phantasien* und ganz einfach ihrer Sexualität, die in dieser Beziehung keinesfalls außen vor bleiben darf.
   - Es fehlen noch viele andere Elemente, die es dem Freud'schen Denken erlauben würden, den früheren Weg wieder einzuschlagen, an diesem Scheideweg, den der Brief der Tagundnachtgleiche darstellt.
   - Und ich würde für die Situation der analytischen Kur selbst noch die beträchtliche Distanz hinzufügen zwischen der minutiösen Erforschung der Erinnerungsspuren archaischer Ereignisse und der Wiederherstellung bzw.

Enthüllung der *Erwachsenenbotschaft*, auch wenn diese in einer Vielzahl von für sich genommen unbedeutenden Splittern zerstreut ist.

Zurück zur Entwicklung der Nachträglichkeit – Die »Experimenta crucis«

Wir müssen uns mit dem Gedanken vertraut machen, dass *die Geschichte der Verführungstheorie nicht ganz parallel verläuft zu der des Begriffs der Nachträglichkeit*, zu dem ich nun zurückkomme, zunächst mit dem Brief vom 3.–4. Oktober 1897 (Nr. 70/141).

Es ist ein wichtiger Brief, denn in ihm sehen wir auf dem Gebiet der Selbstanalyse den unauflöslichen, nicht weiter dialektisierten Gegensatz zwischen der Suche nach einer ersten Ursache und der rein rückwärtsgewandten Hypothese.

Freud ist mitten in der Selbstanalyse. Er erzählt Fließ die Geschichte von seinem Kindermädchen, seiner »Lehrerin in sexuellen Dingen« (Freud, 1986, S. 290), wie er sagt, seiner »Urheberin« (S. 288), und insbesondere die Anekdote, wonach sie ihn, so denkt er, im rötlichen Wasser ihrer Regel gewaschen hat. Sie sehen, das Problem der Verführung bleibt natürlich bestehen – es geht hin und her nach der sogenannten »Aufgabe der Verführungstheorie«. Und nachdem Freud diese ganze Geschichte vom rötlichen Wasser usw. (Sie müssen diesen Brief lesen!) erzählt hat, endet diese Passage so:

> »Ein harter Kritiker könnte auf alles sagen, es sei nach rückwärts phantasiert, anstatt nach vorne bedingt. Die experimenta crucis müssen gegen ihn entscheiden. Das rötliche Wasser scheint schon solcher Art zu sein. Woher bei allen Patienten die entsetzlichen perversen Details, die oft ihrem Erleben ebenso ferne sind wie ihrer Kenntnis?« (Freud, 1986, S. 290f.).

Man könnte Freud also entgegenhalten, dass es um eine rückwärtsgewandte Einbildungskraft [une imagination rétroactive] geht. Aber hier spricht Freud als Determinist, gegen einen »harten Kritiker«, der ihm entgegenhält, dass all das gegen die Richtung des Zeitpfeils abläuft und nur in der Einbildung stattfindet. Hier ist es nun wichtig zu sehen, dass Freud sogar in dem entscheidenden Moment, als er eine »Revision der Verführungstheorie« vornimmt, niemals die Idee des *»nach vorne bedingt«** aufgibt, das heißt die Idee, dass das Vergangene das Gegenwärtige bedingt. In diesem Punkt macht Freud niemals Zugeständnisse – auch wenn ich die Unzulänglichkeit der Alternative, die Freud letztlich aufmacht, gezeigt habe: entweder Determinismus durch das Vergangene oder aber rein rückwärtsgewandte Illusion.

In den letzten Zeilen bezieht sich Freud als guter Positivist auf die »experimenta crucis« von Bacon als ein entscheidendes Argument gegen den von ihm selbst angeführten Kritiker und gegen die Idee der rückwärtsgewandten Phantasie; dabei scheint das rötliche Badewasser etwas von dieser Art zu sein, das heißt ein »experimentum crucis«: »Woher kämen bei all den Patienten diese entsetzlichen perversen Details? Wie hätte ich diese Geschichte mit dem rötlichen Wasser erfinden können, wenn da nicht doch etwas Reales gewesen wäre?« Ist die Argumentation stichhaltig oder nicht? Ich lasse diese Frage offen.

Aber für unseren Durchgang durch die Texte will ich unterstreichen, dass man zwischen dem *nachträglich** im Sinne von »nachträglich verstanden«, mit dem ich vorhin begonnen habe und der *Nachträglichkeit**, zu der ich nun komme, das heißt der Substantiv- und Begriffsbildung, zwei zentrale Briefe findet, in denen das Wort nicht auftaucht. Man kann über diese beiden Briefe nicht hinweggehen, wenn man die Entwicklung in ihrem synkopierten Rhythmus zwischen Wort und Sache verstehen will. Die Sache taucht manchmal dort mehr auf, wo das Wort nicht vorkommt, und manchmal taucht, wie Sie gleich sehen werden, das Wort an einer Stelle auf, an der es nicht die ganze Bedeutung innehat, die es zu dem Zeitpunkt gehabt hätte, als die Verführungstheorie auf ihrem Höhepunkt war.

Den *Brief vom 14. November 1897* werde ich nächstes Mal eingehender besprechen. Für heute will ich ihn nur kurz vorstellen. In diesem Brief (je nach Nummerierung 75 oder 146) findet man fünfmal den Ausdruck *Nachträglichkeit** und zweimal das Adverb oder Adjektiv *nachträglich**, das in *La naissance de la psychanalyse* (Freud, 1956) auf skandalöse Weise übersetzt wird. Ich lese Ihnen diese Übersetzung vor (sie ist von Anne Berman) (*Mea culpa*, dass auch ich in Ermangelung der neuen Übersetzung weiterhin diesen Text herausgebe): Beim ersten Mal wird *Nachträglichkeit** mit »aprés-coup« wiedergegeben oder mit »par la voie de l'après-coup« [»auf dem Weg der Nachträglichkeit«], das zweite Mal ist es ein »effet après coup« [»nachträgliche Wirkung«], das ist nicht so schlecht. Es kann sein, dass ich selbst die Übersetzungen in den nachfolgenden Ausgaben korrigiert habe. Dann gibt es als Vorgabe »l'effet d'après coup« [»die Nachträglichkeitswirkung«] und dann, plötzlich, findet man »action différée« [»aufgeschobene Handlung«], eine Übersetzung, die ganz einfach zeigt, dass Anne Berman aus dem Englischen, nämlich »deferred action«, übersetzt hat. Sie hat mehr aus dem Englischen als aus dem Deutschen übersetzt. Und im Anschluss daran haben Sie die beiden Adverbien *nachträglich**, von denen eines mit »ensuite« [»dann, anschließend«] und das andere mit »plus tard« [»später«] wiedergegeben wird.

Ich will hier nicht behaupten, dass es einfach ist, »Nachträglichkeit«* zu übersetzen. Wir haben gezögert und zögern noch zwischen der einfachen, im Französischen substantivierten Form »l'après-coup«, die allerdings dem Suffix *-keit* nicht gerecht wird – schließlich hätte Freud auch einfach *»das Nachträgliche«** und nicht *»die Nachträglichkeit«** sagen können. Der Ausdruck »l'effet d'après-coup« [»Nachträglichkeitswirkung«; A. d. Ü.] ist nicht so schlecht, aber eher unangebracht, weil es in bestimmten Texten eine *»nachträgliche Wirkung«** gibt, und somit also eine Verwirrung möglich ist. Ich spreche nicht von »l'effet ›après coup‹« [der »nachträglichen Wirkung«], sondern von »l'effet ›d'après-coup‹« [der »Nachträglichkeitswirkung«; A. d. Ü.] oder vielleicht »le phénomène d'après-coup« [dem »Nachträglichkeitsphänomen«; A. d. Ü.]. Man müsste ein möglichst neutrales Wort finden, das das *-keit* im Französischen wiedergibt. Das Französische hat kein Suffix, das Adjektive sicher in ein Substantiv verwandelt. Zwar wird »beau« [»schön«; A. d. Ü.] zu »beauté« [»Schönheit«; A. d. Ü.], aber man kann im Französischen nicht »après-coup-ité« bilden. Das Englische sollte es da leichter haben mit *»afterwards«*, *»afterwardsness«*.

Nächstes Mal werde ich mich mit dem Inhalt dieses Briefes 146 auseinandersetzen und wie darin der Ausdruck *»Nachträglichkeit«** verwendet wird.

16. Januar 1990

Man sagt mir, dass ich zu langsam vorgehe. Einige, die mit meinem Denken vertraut sind, sagen mir, ich gehe zu langsam vor, andere finden vielleicht, dass ich zu schnell vorgehe. Ich weiß es nicht. Ich gehe ins Detail und gehe weiter, so gut ich kann; ich rekapituliere mehr oder weniger. Ich sage nicht immer nur Neues, sondern zum Teil auch Dinge, die ich schon früher gesagt habe. Doch ich versuche, sie neu zu formulieren in Bezug auf diese Frage der Nachträglichkeit, um so am Ende zu einer Sichtweise beizutragen, die man innovativ nennen kann.

Brief 75/146 – Der Begriff und das Substantiv tauchen auf

Heute komme ich also zu dem Brief, den ich schon angekündigt habe, dem Brief vom 14. November 1897, Nr. 75 in der alten und Nr. 146 in der neuen Zählweise. In ihm taucht zum ersten Mal das Substantiv »*Nachträglichkeit*« auf. Wie manch andere Briefe oder Momente im Denken Freuds setzt der Brief humoristisch, als Horoskop, ein – »Es war also am 12. November 1997; die Sonne stand eben im östlichen Winkel, Merkur und Venus in Konjunktion etc.« (Freud, 1986, S. 301) –, um aber dann unmittelbar mit der Bemerkung fortzufahren, dass heutzutage Geburtsanzeigen nicht mehr in dieser Weise anfangen. Kris hat den überaus gelehrten Hinweis gegeben, dass es sich hierbei wahrscheinlich um eine Anspielung auf die Art handelt, wie Vasari – der berühmte Autor der Künstlerbiografien des Quattrocento – seine Biografie von Michelangelo beginnt, nämlich mit einem Horoskop. Also in diesem Horoskop wird ein Ereignis verkündet, ja ein Durchbruch, eine wahrhafte Geburt: »nach den greulichen Wehen der letzten Wochen [wurde mir] ein neues Stück Erkenntnis geboren« (ebd.).

Es ist eine Niederkunft. Es ist nicht das einzige Mal, dass Freud auf diese Weise bestimmte Augenblicke seines Denkens gekennzeichnet hat. Sie kennen die berühmte Geschichte von der Gedenktafel:

> »Glaubst Du eigentlich, daß an dem Hause dereinst auf einer Marmortafel zu lesen sein wird:? ›Hier enthüllte sich am 24. Juli 1895 dem Dr. Sigm. Freud das Geheimnis des Traumes‹« (Freud, 1986, S. 458).

Am Ende wurde die Gedenktafel übrigens angebracht. Es ist also ein Ereignis, ein Durchbruch, und gleichzeitig eine Rekapitulation, denn, so sagt er: »Komischerweise ahne ich solche Ereignisse eine gute Weile vorher« (Freud, 1986, S. 301).

Es gab also eine Vorahnung von all dem. Doch diese Ideen lassen sich erst zu einem ganz bestimmten Zeitpunkt rekapitulieren, dem Zeitpunkt der Selbstanalyse. Mit diesem Thema der Selbstanalyse endet übrigens der Brief, und zwar mit der Erkenntnis, dass es unmöglich ist, sich selbst, allein, zu analysieren, »sonst gäbe es keine Krankheit« (Freud, 1986, S. 305): Eine zentrale Idee, die aber nicht vertieft wird; *meiner Meinung nach findet die Analyse nur in der Beziehung zum Anderen statt, weil das kleine Menschenkind als sexuelles – und neurotisches Wesen – in einer grundlegenden Beziehung zum Anderen auf die Welt kommt.* Ereignis plus Rekapitulation, hier läuft die Zeit in meinen Augen spiralförmig ab, genau wie die Zeit der Nachträglichkeit. Eine »spiralförmig verlaufende Zeit« besteht aus Rekapitulation und Ereignis, denn in jeder Umdrehung wird die vorangegangene berücksichtigt. Jede Umdrehung ist zugleich *Rekapitulation* von x Windungen und gleichzeitig *Ereignis* am Punkt x.

Jeder Punkt befindet sich vertikal zu einem anderen, auf einer anderen Windung. Und jede Windung wird angereichert in ihrer Bewegung von dem Gesamt der Windungen die ihr vorausgegangen sind.

Also, Ereignis und Rekapitulation, das ist die Nachträglichkeit und das ist die »spiralförmig verlaufende Zeit«. Dazu weist Kris darauf hin (Sie wissen, dass es in der ersten Ausgabe der Briefe eine ganze Reihe von Anmerkungen gibt und dass diese Anmerkungen von Kris sind), dass dies als eine Arbeit eines Vorbewussten, die die Ankunft im Bewusstsein vorbereitet, beschrieben werden kann. Irgendwie schon. Ich denke, dass der Begriff der Nachträglichkeit am Ende vielleicht noch viel fruchtbarer ist. Man kann die Dinge auch anders sagen.

Nun, welche zentrale Fragestellung wirft dieser Brief auf, um welche Ankunft geht es hier? Ich würde sagen, dass es um die Theorie der normalen Verdrängung geht.

> »So schrieb ich Dir einmal im Sommer, ich werde die Quelle der normalen Sexualverdrängung (Moral, Scham etc.) finden« (ebd., S. 301f.).

Die normale Verdrängung ist in dieser ganzen Periode bis zu den *Drei Abhandlungen* und noch lange danach, mit dem verknüpft, was man »Reaktionsbildung« und »Sublimierung« nennt, die nicht klar voneinander unterschieden werden. Die normale Verdrängung findet man bei jedem Menschen, und sie ist verknüpft mit Bildungen wie »Moral, Scham etc.«, die *nicht pathologisch* sind.

Die normale Verdrängung

Wichtig ist, dass es hier um etwas Neues geht: nämlich um die normale Verdrängung; denn im Brief der Tagundnachtgleiche ging es, wie Sie sich erinnern, um die pathologische Verdrängung und um die Ätiologie der Neurosen. Das Unbewusste wurde implizit als etwas Pathologisches angesehen; und weil das Unbewusste nicht abgebaut, nicht bewusst gemacht werden konnte, kam es zum Scheitern der Verführungstheorie, und die Suche nach ersten Szenen blieb ergebnislos. In diesem Brief der Tagundnachtgleiche, in dem der sogenannte »Verzicht« auf die Verführungstheorie angekündigt wird, sehen wir deutlich, dass dieser Verzicht in Wirklichkeit gar keiner ist, denn Thema des Briefs ist das Scheitern der Theorie der *pathologischen* Verdrängung, die letztlich nicht fassbar ist. Von daher gibt es meiner Meinung nach im Brief vom 14.11.1897 so etwas wie einen Fortschritt, weil jetzt von der normalen Verdrängung die Rede ist. Ich habe selbst in den *Neuen Grundlagen* dargestellt, dass Freud unter anderem deshalb an der »Verführungstheorie« gescheitert ist, weil er die Verdrängung als einen rein pathologischen Prozess angesehen hat und das Unbewusste als etwas, das man ein für alle Mal beseitigen muss. Natürlich hat er dies später nicht mehr gedacht.

Der Übergang hin zu einer Verallgemeinerung könnte also in gewisser Weise ein Fortschritt sein; doch dann kommt gleich der Gedanke, dass, wenn es um eine normale Verdrängung geht, diese dann nicht mehr mit der Kontingenz der Ereignisse zusammenpassen würde. Schauen wir auf diese Passage:

> »Vor wenigen Wochen war der Wunsch, jetzt die Verdrängung durch das Wesentliche hinter ihr ersetzt zu wissen, und darum handelt es sich jetzt« (ebd., S. 301f.).

Wie Sie hier sehen, ist diese Bewegung hin zum Verständnis der Verdrängung gleichzeitig eine Bewegung, in der die Verführungstheorie durch etwas Grundlegenderes ersetzt wird. Diese Ausrichtung ist völlig unklar. Wir werden später an anderer Stelle sehen, dass dieses Grundlegende das Organische ist.

> »Dass bei der Verdrängung etwas Organisches mitwirkt, habe ich oft geahnt« (ebd., S. 302).

Wie dem auch sei, was hier ins Spiel kommt, ist also das Biologische, das Organische, und gleichzeitig das Phylogenetische. Die Anmerkung von Kris, die auf ihre Weise richtig ist, auch wenn sie nicht weit genug geht, gibt zu verstehen, dass Freud zu diesem Zeitpunkt noch nicht klar zwischen drei verschiedenen Bedeutungen des Wortes »Verdrängung« unterscheidet. Die Verdrängung hätte also drei Ebenen. Ich zitiere Kris und kommentiere ihn gleichzeitig, wenn Sie einverstanden sind, denn schließlich gibt es keinen Grund dafür, ihn nicht zu Wort kommen zu lassen. Kris sagt uns:

> »Freud unterscheidet im vorliegenden Brief noch immer nicht scharf [ich denke schon, dass er das tut, aber egal; J. L.] zwischen drei verschiedenen Bedeutungen des Wortes ›Verdrängung‹: erstens dem psychologischen Mechanismus der Verdrängung, zweitens jenen Vorgängen, die in der Entwicklung des Kindes durch Reifung zustande kommen [somit ist diese zweite Ebene die einer biologischen Entwicklung des Kindes; J. L.], wobei dann gewissen Körperzonen die Besetzung entzogen wird, und drittens Veränderungen in den Apparaten, die durch die Entwicklung der Art zustande kommen [und die mit der Freud'schen Auffassung der *organischen Verdrängung** in Einklang stehen; J. L.] (Kris, 1950, S. 244, A.1).

Mit Kris: Die Frage der »organischen Verdrängung«

Wir wollen mit Kris diese drei Ebenen unterscheiden. Eine psychologische Ebene, die ich zunächst einmal Ebene I nenne; die zweite Ebene, II, ist individuell organisch oder biologisch, man findet sie besonders beim Kind, aber in jedem Fall beim Individuum; und schließlich, auf der Ebene der Art, eine phylogenetische Ebene III. Beachten Sie, dass sich dies, wie Freud sagt, »eine gute Weile vorher« abzeichnet oder geahnt worden ist; denn seit dem Brief 52, also dem Brief, in dem Freud den psychischen Apparat als Übersetzung in einer Terminologie aus dem Bereich der Übersetzung beschreibt (wir befanden uns da inmitten der Verführungstheorie), findet man diese Formulierung:

> »daß es sich [bei der Verdrängung; A. d. Ü.] um die Auflassung von ehemaligen Sexualzonen handelt« (Freud, 1986, S. 302).

Also dahinter, hinter der psychologischen Verdrängung, steht die Idee der Entwicklung, sagen wir, von libidinösen Stadien und die Idee der sukzessiven Aufgabe und Ersetzung der erogenen Zonen.

Dies lässt sich im Denken Freuds bereits vorausahnen und wird noch weit führen. Es wird natürlich zunächst zur Theorie der Stadien führen – die Freuds Denken lange bestimmen wird, in den *Drei Abhandlungen …* (zumindest in den Ausgaben nach 1905) – und auch in Gestalt dieser Idee der organischen Verdrängung, die ich mit Kris auf der dritten Ebene ansiedle. Wir werden noch sehen, um was es dabei geht. Ich nenne einfach die Referenzen, die teilweise in der *Standard Edition*, Band 21, Seiten 60–61, in einer einführenden Anmerkung des Herausgebers zu *Unbehagen in der Kultur* (Freud, 1930a, S. 458f.) gegeben werden: Es ist ein extrem später Text, in dem Freud den Ausdruck »organische Verdrängung« in Anführungsstriche setzt. Dies zeigt deutlich, dass er auf etwas anspielt, das er schon gesagt hat. Es ist aber schwer, die Stelle zu finden, wo er den Ausdruck schon erwähnt hat. Offensichtlich findet man sie nicht in den Fließ-Briefen. Eine Stelle habe ich in einem Text gefunden, der dieses Terrain absteckt und auf den die *Standard Edition* nicht hinweist.[26] Man findet den Ausdruck »organische Verdrängung« in dem Text »Meine Ansichten über die Rolle der Sexualität in der Ätiologie der Neurosen« von 1905. Über diesen Text könnte man viel sagen. Doch um es kurz zu machen: Es handelt sich um einen Text, der von der Verführungstheorie weit, ja mit am weitesten abgerückt ist. Freud formuliert dort eine gedrängte Kritik der Verführungstheorie und vertritt ganz einfach die These einer biologischen Ätiologie der Sexualität.

---

26 [»Ich halte es der Hervorhebung wert, daß meine Anschauungen über die Ätiologie der Psychoneurosen bei allen Wandlungen doch zwei Gesichtspunkte nie verleugnet oder verlassen haben, die Schätzung der *Sexualität* und des *Infantilismus*. Sonst sind an die Stelle akzidenteller Einflüsse konstitutionelle Momente, für die rein psychologisch gemeinte ›Abwehr‹ ist die organische ›Sexualverdrängung‹ eingetreten« (Freud, 1906a, S. 157). A. d. Ü.]

Kommen wir zum Brief 75/146 zurück. Ich werde ihn nicht übersetzen, denn Sie können ihn in *La naissance de la psychanalyse* auf Französisch finden, auch wenn er dort nicht sehr gut übersetzt ist, aber für eine erste Lektüre sollte diese Ausgabe reichen.

Auf Ebene III, das heißt auf der phylogenetischen Ebene, wird etwas beschrieben, das Freud als absolut wichtig ansieht, woran er glaubt und wovon er überzeugt ist, auch noch in seinem späten Text *Unbehagen in der Kultur*. Es geht um den Übergang vom vierbeinigen Tier mit der Nase am Boden hin zum aufrechten Gang; mit diesem Übergang schwinden gleichzeitig der Geruchssinn in der Sexualität (das Erschnüffeln der Organe des Anderen) und die Geruchsempfindungen in der Analität. Der animalische Geruchssinn betrifft ebenso sehr den analen wie den genitalen Bereich. In diesem Übergang, und nur hier, wird die »organische Verdrängung« beschrieben. Wir dürfen nicht die zentrale Rolle der Nase und des Geruchssinns in der Geschichte der Psychoanalyse außer Acht lassen, angefangen bei Fließ bis hin zum »Wolfsmann« usw. usf. Die Nase in der Psychoanalyse, das ist ein großes Kapitel. Die Nase ist auch das Organ, mit dem das Tier die stark erregenden Gerüche erschnüffelt, Und vergessen wir nicht deutsche Redeweisen, wie *»Er trägt die Nase hoch«**, während wir auf Französisch »er trägt den Kopf hoch« sagen [il porte la tête haute], um auszudrücken, dass jemand sich für etwas besonders Edles hält. Bis hin zu solchen Ausdrücken geht das.

Ich möchte betonen, dass in der phylogenetischen Entwicklung, die vom Tier (das auf vier Beinen läuft) zum (aufrecht gehenden) Menschen führt, eine einzige Abfolge angegeben wird; es gibt nur zwei Stadien: anal = olfaktorisch, dann genital. So lässt sich die »organische Verdrängung« zusammenfassen.

Die organischen Stadien der Sexualität

Für Ebene II, die Ebene der Reifeentwicklung des Individuums, werden in diesem Brief alle Elemente beschrieben, die in der klassischen Entwicklung zu Stadien werden, das heißt nicht nur der Übergang von anal zu genital wie in der Phylogenese, sondern auch die bucco-pharyngale Zone *(Mund-Rachengegend*)*. Übrigens hat der Ausdruck *»der Rachen«**, die hintere Kehle, der Schlund [la gueule] überhaupt keine etymologische Verbindung mit *die Rache**.

Auf Ebene II findet man also das orale Stadium, das als ein Bereich angegeben wird, als ein aufgegebener Bereich, und ebenso findet man natürlich nicht nur die genitalen Bereiche, sondern auch die Unterteilung der genitalen Sexualität bei der Frau in zwei Unterstadien, ein phallisches Stadium (das nicht so genannt wird), das von der klitoralen Sexualität bestimmt wird, und ein im eigentlichen Sinne genitales Stadium.

Also gibt es bei der Frau, wenn Sie so wollen, vier Stadien. Der Mann hat zu diesem Zeitpunkt nur drei, da das phallische Stadium bei ihm als das definitive Stadium angesehen wird. All dies wird dann in den viel späteren Texten ein wenig feingliedriger dargestellt. Aber Sie sehen, dass wirklich alles schon da ist.

Nun, das Spiel der Verdrängung findet auf Ebene I statt. Sie wird einerseits unter einem normalen und andererseits unter einem pathologischen Gesichtspunkt beschrieben. Man könnte sagen, dass die normale Verdrängung mit dieser Abfolge der Stadien einhergeht, dass sie dann stattfindet, wenn beim Mädchen die aus biologischem Gesichtspunkt aufgegebenen Formen von Sexualität – oral, anal, genital – auch unter einem psychischen Gesichtspunkt verdrängt werden. Das normale Ergebnis dieser Verdrängung ist die Bildung der Moral, der Scham (des Feingefühls), des Mitleids usw. Genau auf dieser psychologischen Ebene der Verdrängung (ich übernehme diesen Ausdruck von Kris zunächst einmal in einer ersten Annäherung) ist die *Nachträglichkeit** zu situieren und genau hier erscheint auch das Wort. Es ist tatsächlich das erste Mal, dass der Ausdruck als *Substantiv* auftaucht. Ich möchte an dieser Stelle zwei Punkte betonen: Die Verdrängung auf dem Organischen zu begründen, auf der Entwicklung der Zonen beim Kind, bedeutet noch lange nicht, die Auffassung eines zweizeitigen Traumas aufzugeben. Aber auf der anderen Seite wird damit vielleicht etwas Wesentliches in der Verführungstheorie fallen gelassen. So in etwa verläuft die Denklinie, die ich im Folgenden entwickeln möchte.

Welche Beziehung besteht also zwischen den Ebenen I, II und III? Gehen wir noch einmal zu Ebene III, der ältesten und grundlegendsten Ebene, zurück. Es gibt eine wirklich zentrale Passage zur Analität, die zeigt, dass Freud zufolge alle drei Ebenen von etwas durchquert werden: Die Phylogenese, die biologische Ontogenese und die psychologische Genese treffen sich in der *Verdrängung der Analität*. Ich lese Ihnen diese wirklich erstaunliche Passage vor, in der Freud tatsächlich als Psychoanalytiker, das heißt jenseits aller Psychologie, spricht:

> »Grob gesagt, [oder ›allgemein gesagt‹, aber letztlich ist es eine Grobheit; J. L.] die Erinnerung stinkt aktuell, wie in der Gegenwart das Objekt stinkt, und wie wir das Sinnesorgan (Kopf und Nase) im Ekel abwenden, so wendet sich Vorbewußtes und Bewußtseinssinn von der Erinnerung ab. Dies ist die *Verdrängung* [das Wort wird von Freud hervorgehoben; J. L.]« (Freud, 1986, S. 303).

Sie sehen, ich kann nicht bei einer einzigen Denklinie stehen bleiben, sondern muss schon alles sagen, was in diesem oder jenem Text interessant ist. Sie sehen, dass es hier so etwas gibt, das man zu Recht einen Anthropomorphismus oder einen radikalen Realomorphismus des psychischen Apparates nennen kann. Das Modell der Verdrängung ist kein abstraktes Modell, es ist kein »psychologisches« Modell. Das Psychologische ist hier der genaue Abdruck einer konkreten, physischen Bewegung, bis dahin, dass es wirklich die Erinnerung ist, die »stinkt«, und das »Vorbewusste« ist dasjenige, das sich abwendet von dem, was stinkt.

Das Modell der Analität

Ein anderer wichtiger Punkt in dieser Passage ist der, dass das entscheidende Objekt der Verdrängung, vielleicht sogar das eigentliche Modell des Verdrängten, die Analität ist. Dieses Thema ist, wie ich behaupten würde, nie wirklich diskutiert worden. Es ist da etwas ausgespart worden bei all dem, was in unterschiedlichster Weise über die Psychoanalyse verbreitet worden ist, in populären Medien und selbst in Fachpublikationen; kurzum, Sie werden in all diesen Publikationen nicht viel über die Analität finden. Analität bleibt das große Verdrängte innerhalb der Analyse, gerade bei ihren reinsten Anhängern. Der ganze Rest, Blablabla, Papa, Mama ... läuft gut. Aber sobald es um Analität geht ... – als Salvador Dalí in einer TV-Diskussion mit ich weiß nicht welchem Philosophen sagte: »Der Bahnhof von Perpignan ist das Arschloch«, rutschten alle unter den Tisch, der Interviewer genauso wie der Philosoph, der ihm gegenübersaß. Salvador war ein großer Analer; und er besaß die Kühnheit – als wahrhafter Freudianer –, seine Gesprächspartner, diese sexuellen Spießer aus der Fassung zu bringen. Hier redet Freud jedenfalls nicht um den heißen Brei herum: Das Modell der Verdrängung und vielleicht das wichtigste Objekt der Verdrängung, ist die Analität; es ist das zentrale Verdrängte auch *bei Ihnen*!

Ich komme nach diesem konkreten Thema zurück zu abstrakteren Dingen. Schauen wir uns an, welche Beziehung es gibt zwischen den Ebenen I, II und III, die ich mit Kris unterschieden habe. Von III zu II gibt es die Beziehung Phylogenese-Ontogenese. Sie kennen das berühmte Haeckel'sche Gesetz »die Ontogenese reproduziert die Phylogenese«, das Haeckel in seinem Buch *Natürliche Schöpfungsgeschichte* von 1868 formuliert hat. Haeckel ist Darwinianer, und an den Gedanken ist Freud vermutlich über einen Postdarwinianer mit dem Namen Baldwin gekommen.[27]

Eine Klammer zur Weitergabe erworbener Merkmale

Dieses Milieu der Postdarwinianer erlaubt mir eine winzige und auch marginale Klarstellung in dieser Frage der Vererbung erworbener Merkmale. Es gibt also Neodarwinianer, die davon sprechen. Gewöhnlich sagt man aus Denkfaulheit, dass der Unterschied zwischen Darwin und Lamarck darin besteht, dass Lamarck die Vererbung erworbener Merkmale gelten lässt und Darwin nicht. Das ist überhaupt nicht richtig. Darwin *und* Lamarck gehen von der Vererbung erworbener Merkmale aus. Dabei handelt es sich im Übrigen eher um eine genetische als eine evolutionistische Theorie. Doch gehen beide davon aus. Der Unterschied zwischen ihnen ist die *Art des Erwerbs*. Ich wiederhole hier nur sehr einfache Dinge: Bei Lamarck sind die bestimmenden Faktoren die Funktion und die Anpassung an das Milieu; Anpassung heißt, man passt sich an die Kälte an, indem man sich zudeckt, und nach und nach hat man somit mehr Haare auf dem Rücken. Wir können hier sagen, dass wir durch Anpassung etwas erwerben, aber wir geben es dadurch nicht weiter. Im Gegensatz dazu kommt, wie Sie wissen, für Darwin und für die Neodarwinianer das Neue durch die Mutation ins Spiel, das heißt durch Zufall plus Selektion. Aber der Eine und der Andere, sowohl Darwin als auch Lamarck, gehen davon aus, dass ein einmal erworbenes Merkmal gemäß den Gesetzen der Genetik weitergegeben wird.

Damit will ich sagen, dass Haeckels Gesetz sowohl für einen Darwinianer als auch für einen Lamarckianer Gültigkeit besitzt. Und da ich ja gerade eine Klammer zu dieser Frage der Weitergabe erworbener Merkmale mache – die im Grunde bei Freud, nachdem er die Phylogenese ins Spiel gebracht hat, immer gegenwärtig ist –, wäre die andere Frage die, *was*

27 Vgl. Brief vom 5.1.1897, in dem Baldwin erwähnt wird.

eigentlich vererbt wird und vererbt werden kann, Organe, Verhaltensweisen, Phantasien, Szenarien etc.

Schwierigkeiten der Phylogenese

Im vorliegenden Brief scheint das, was für Freud erworben wird, eine *Abfolge* von nacheinander *vorherrschenden* Organen zu sein, oder vielleicht auch von Phantasien, Urphantasien. Wenn man also die Frage nach der Phylogenese in der Psychoanalyse untersuchen will, muss man verschiedene Arten des Erwerbs unterscheiden, aber auch die Frage stellen, was überhaupt als vererbbar angesehen werden kann. Nun, das Gesetz von Haeckel geht in diesem Punkt sehr weit, denn es sagt nicht nur, dass das Individuum das reproduziert, was die Art erworben hat, sondern es sagt, dass das Individuum die Entwicklung der Art *rekapituliert*. Die Genese des einen rekapituliert die Genese des anderen. Was nach dem Haeckel'schen Gesetz weitergegeben wird, ist nicht nur diese oder jene Fähigkeit, sondern die Evolutionsgeschichte. Mit anderen Worten, wenn ein Lebewesen ein Stadium durchläuft, sagen wir ein Stadium im Wasser, bevor es zu einem Stadium auf der Erde übergeht, dann durchläuft auch das menschliche Individuum – so die embryologische Spekulation – ein Stadium im Wasser, ein flüssiges Stadium, bevor es zum Leben in der Luft übergeht. Das ist ein einfaches Beispiel. Was Freud hier hinzufügt, ist also eine Reproduktion der Evolution der Art in der Reproduktion der Entwicklung des Individuums, in seiner individuellen Sexualität: Das heißt, dass die sexuellen Zonen der Kindheit auf dieselbe Weise aufgegeben würden wie eine jede Zone in der Geschichte der Art aufgegeben wurde.

Wie ich eben schon gesagt habe, handelt es sich auf Ebene III tatsächlich um eine Verallgemeinerung von etwas, das *Freud nur für einen einzigen Übergang aufzeigt*, nämlich für den Übergang *vom Analen zum Genitalen*. Und in *Unbehagen in der Kultur* wird es genauso sein. Die einzige Abfolge in der Evolution, von der angenommen wird, dass sie beim Kind in den aufeinander folgenden sexuellen Stadien reproduziert wird, ist die Entwicklung vom Analen zum Genitalen. Sagen wir – und davon ist in dem Brief überhaupt nicht die Rede –, dass ein Übergang von der »Oralität« zur »Analität« ziemlich wenig wahrscheinlich ist. Man kann sich kaum vorstellen, dass es vor »analen« Tieren »orale« Tiere gegeben hat; und wenn wir noch weitergehen, sehen wir, dass der Übergang zwischen den beiden eben erwähnten genitalen Stadien, der phylogenetische Übergang vom phallischen Stadium zum genitalen Stadium (auf dem Freud felsenfest beharrt und der den wesentlichen Punkt seines späteren Artikels als »Die infantile Genitalorganisation« (Freud, 1923e) darstellen wird), dass also dieser Übergang auf der Vorstellung basiert, zu einem bestimmten Zeitpunkt gebe es nur ein Geschlecht, nämlich das männliche (das phallische Stadium), und sich beim Weibchen der Übergang zum Genitalen ausgehend von einer Kastration entwickelt. Es gebe also nur ein Geschlecht, das männliche, wobei das Männchen phallisch bleibe, während die Frau die Phallizität, insbesondere die klitorale Erregung, aufgeben müsse, um zur endgültigen genitalen Sexualität zu gelangen. Dieser Übergang – ich habe dies schon seit Langem gesagt, insbesondere in meinem Band *Problématiques II – Castration – Symbolisations* ... (Laplanche, 1980b) –, diese Idee einer Entwicklung beider Geschlechter ausgehend von einem eingeschlechtlichen Männlichen, steht, wenn man sie für etwas anderes hält als die »infantile Sexualtheorie«, was sie faktisch ist, wissenschaftlich gesehen in völligem Widerspruch zu dem, was wir insbesondere über die embryonale geschlechtliche Differenzierung wissen. Das heißt, wenn es Eingeschlechtlichkeit gibt, wenn es eine potenzielle physiologische Bisexualität gibt, dann ist es die weibliche Eingeschlechtlichkeit. Mit anderen Worten entwickelt sich der embryonale oder infantile Organismus, der jedwedem vermännlichendem hormonalen Einfluss entzogen ist, hin zur Weiblichkeit. Das entzieht offenkundig dieser Idee eines biologischen Übergangs zwischen dem phallischen Stadium und dem endgültigen genitalen Stadium jede realistische Grundlage. Denn vom biologischen Standpunkt aus ist es das Gegenteil, was passiert. Ich zitiere eine ganz einfache Passage des Biologen Kreisler:

> »Die Vermännlichung ist ein aktives Phänomen, das die Gegenwart eines funktionalen Testikels benötigt. Die Verweiblichung ist ein passives Phänomen, das keine Gegenwart eines funktionalen Ovariums benötigt. Die frühzeitigen Kastrationsexperimente des männlichen Embryos führen zu einer inneren weiblichen Morphologie.«

Die weibliche Entwicklung ist somit die natürliche Entwicklung des Organismus, sobald die natürliche Entwicklung des Organismus keiner hormonellen Stimulierung mehr unterliegt, und die vermännlichende Entwicklung, so könnte man sagen, pfropft sich nurmehr auf diesen weiblichen

Organismus auf. Weit davon entfernt, dass es eine Kastration gibt, wie Freud es sich vorstellt, gibt es in der biologischen Wirklichkeit viel eher eine Anfügung [adjonction].

Bevor ich diesen Punkt hinter mir lasse, will ich noch einmal betonen, dass wir hier einen der zahlreichen Avatare vor uns haben, mithilfe derer Freud versucht, in der Phylogenese eine Realität zu behaupten, die ihm in der Genese des Unbewussten fehlt. Auf andere Versuche dieser Art habe ich hingewiesen: neben einer Phylogenese der Stadien zum Beispiel eine Phylogenese der Urphantasien. Ich denke, dass wir darauf zurückkommen werden.

Zur Frage der Stadien der Sexualität

Dass der Versuch scheitert, die Ontogenese in der Phylogenese zu begründen, erklärt nicht notwendigerweise das für ungültig, was ich die Abfolge II nenne, also die sogenannten »aufeinanderfolgenden Stadien« der infantilen Sexualität bis zur Pubertät und zum Erwachsenenalter. Man kann nur sagen, dass das Scheitern einer phylogenetischen Grundlegung diese ontogenetische Abfolge schwächt, und man kann infrage stellen, ob sie ausschließlich biologisch festgelegt sind (nicht aber, wie wir sehen werden, die Notwendigkeit, auf etwas Vergleichbares zurückzugreifen). Um die Dinge richtig einzuordnen: Es gibt bei Freud häufig ein Schwanken in Bezug auf diese Frage der Stadien. Wenn man den »Entwurf einer Psychologie« (1895) nimmt, ist die Pubertät die einzige biologische Etappe, von der sich die Bewegung der Nachträglichkeit abhebt und in Bezug auf die sie sich definiert. Das heißt, eine Reizung, eine Verführung, ein Ereignis x hat unterschiedliche Wirkung, je nachdem, ob sie vor oder nach der Pubertät stattfindet. Die ganze Dynamik spielt sich zwischen Präpubertät und Postpubertät ab. Vom biologischen Standpunkt aus lässt sich diese Grenze (der pubertäre Hormonschub) nur schwer bestreiten. Ob es andere präpubertäre biologische Schübe gibt, ist dagegen weniger klar.

Eine zweite Etappe in dieser Entwicklung Freuds nach 1895 wird meiner Meinung nach durch den Brief vom 14. November 1897 abgesteckt, hier zeichnet sich bereits die ganze Abfolge ab. Ich habe sie gerade erwähnt: bucco-pharyngal, anal, genital I und genital II.

Nehmen Sie nun die *Drei Abhandlungen* von 1905 zur Hand – allerdings muss man zunächst zumindest über die erste Ausgabe von 1905 sprechen, und nicht gleich von den späteren Ausgaben, die zahlreiche Addenda, und insbesondere die »Stadien«, enthalten. Nun, die *Drei Abhandlungen* von 1905 sind wie eine Rückkehr zum *Entwurf*, in der Tat gibt es auch hier nur einen einzigen kritischen biologischen Punkt: die Pubertät. Das zeigt übrigens bereits allein die Gliederung dieses Textes. Das ganze letzte Kapitel trägt den Titel: »Die Umgestaltungen der Pubertät«. Und was vorher beschrieben wird, in der zweiten Abhandlung (»Die infantile Sexualität«), das ist keine Verkettung von Stadien, sondern eine im Wesentlichen polymorphe Sexualität, ohne Organisation, in der natürlich anale, orale sexuelle Aktivitäten nebeneinander herlaufen, aber ohne Organisation und ohne Abfolge. Es kommt zu so etwas wie einer Rückkehr zu 1905, zu einer Art von Wiederholung, einer Spirale: Freud kommt zurück auf den Gegensatz vom *Entwurf*: präpubertär *versus* postpubertär. Doch dann wird, allerdings nur nach und nach, in den Etappen von 1915, 1920 usw. in unterschiedlichen Aufsätzen und unterschiedlichen Umarbeitungen der *Drei Abhandlungen* dieser präpubertäre Zeitraum erneut in Stadien oder Organisationsformen unterteilt; die zuerst beschriebene ist übrigens die anale Organisation, man findet sie im Aufsatz mit dem Titel »Die Disposition zur Zwangsneurose« (Freud, 1913i), in dem zum ersten Mal die Idee auftaucht, dass es Organisationsformen *vor* der pubertären Organisation gibt. Und dann taucht die Idee einer oralen Organisation, aber auch einer phallischen oder infantilen genitalen Organisation usw. auf.

Die *Nachträglichkeit* im Brief vom 14. November 1897

Nach diesen ganzen didaktischen Klammern sowohl zur Vererbung von Erworbenem als auch zur Idee einer Abfolge von Stadien der Sexualität, stellt sich die Frage, was dies mit der »*Nachträglichkeit*«* zu tun hat. Am besten lese ich Ihnen die Passage vor, in der der Ausdruck viermal in zehn Zeilen vorkommt (und dann noch einige Male im Laufe des Textes). Bitte seien Sie aufmerksam, denn ich übersetze vom Blatt weg, mit einigen Kommentaren:

> »Sexualentbindung [Entbindung von Sexualität, könnte man auch sagen, das ist ein Ausdruck, der schon seit dem *Entwurf* und vorher existiert; J. L.]. (Du weißt, ich meine eine Art von Sekretion [Es handelt sich tatsächlich um eine Hormonausschüttung; J. L.], die man korrekterweise als den inneren

> Zustand der Libido verspürt [die Libido ist also die Art und Weise, diese Hormonabsonderung wahrzunehmen; J. L.]) kommt nun zustande nicht nur wie 1) durch peripheren Reiz an den Sexualorganen [die erste Art eine sexuelle Erregung zu produzieren, ist die externe Stimulation der Organe; J. L.], wie 2) durch die Binnenerregungen von diesen Organen [d. h. dass diese Organe auf innere Weise, aber biologisch erregt werden können; J. L.], sondern auch 3) von den Vorstellungen, also Erinnerungsspuren aus, also auch auf dem Wege der Nachträglichkeit« (Freud, 1986, S. 302).

Die *»Nachträglichkeit«* * ist also eine dritte Art der sexuellen Erregung. Zwei Arten verstehen sich von selbst, die von außen und die im Inneren des Organismus erregten Organe, die dritte ist ihre Erregung durch *Vorstellungen.*

> »Du kennst den Gedankengang von früher her: Hat man ein Kind an den Genitalien irritiert, so entsteht Jahre später durch Nachträglichkeit von der Erinnerung daran eine weit stärkere Sexualentbindung als damals, weil der ausschlaggebende Apparat und der Sekretionsbetrag inzwischen gewachsen sind. [Das ist der alte Gedankengang zur ›Nachträglichkeit‹. Eine Erinnerung erzeugt normalerweise nur abgeschwächte Effekte in Bezug auf das Ereignis; nur im Fall der Sexualität zeitigt die Erinnerung stärkere Effekte als das Ereignis, weil sich die Erinnerung auf einen Organismus bezieht, der sich in der Zwischenzeit entwickelt hat und stärker reagiert; J. L.]«.

Ich lese weiter:

> So gibt es eine nicht-neurotische Nachträglichkeit normaler Weise, und aus ihr entsteht der Zwang. [...] Solche Nachträglichkeit stellt sich nun auch für die Erinnerung[en] an die Erregungen der aufgelassenen Sexualzonen her. Aber deren Folge ist nicht Entbindung von Libido, sondern von einer Unlust, eine Binnensensation, die analog ist dem Ekel im Objektfalle« (Freud, 1986, S. 302f.).

Ich werde den Mechanismus all dieser Zusammenhänge nicht im Detail analysieren, das Wesentliche ist schließlich, dass an dieser Idee der Nachträglichkeit festgehalten, sie sogar hervorgehoben wird, so dass sie schließlich ein Begriff wird auf der Grundlage der Entwicklung der sexuellen Zonen und ihrer Abfolge, und ob sie aufgegeben werden oder nicht.

Erscheinen des Begriffs, Rückschritt beim semantischen Inhalt

Ich möchte Folgendes daraus schließen: Wir sehen, dass die »*Nachträglichkeit*«* als Begriff (für den ich im Französischen noch immer keine andere Entsprechung finde als »l'après-coup«) in dem Moment erscheint, in dem die Verführungstheorie tendenziell eher an Einfluss verliert. So sehr, dass sich zu diesem Zeitpunkt in der zuletzt zitierten Passage einige negative Elemente abzeichnen. Da ist vor allem die Tatsache, dass die Nachträglichkeit auf ein rein quantitatives Spiel reduziert wird, das heißt, dass der Unterschied zwischen dem Effekt des Ereignisses und dem Effekt der Erinnerung an das Ereignis als quantitativer Unterschied dargestellt wird, der der Tatsache zugeschrieben wird, dass der Apparat inzwischen in der Lage ist, stärker zu reagieren. Die Nachträglichkeit wird auf ein dem Anschein nach mechanistisches Spiel reduziert, wir könnten es als eine Art Ingenieurmodell bezeichnen. Es wäre wohl nicht schwer, sich dazu eine Maschine à la Leonardo da Vinci vorzustellen, ein Modell, das selbstverständlich trotz des Terminus »nachträglich« in nichts dem deterministischen Postulat, das Freud ja so wichtig ist, widersprechen würde: Das heißt, der »Zeitpfeil« würde sich dabei auf gar keinen Fall umdrehen. Der Zeitpfeil dreht sich nicht um und aus diesem Grund findet man auch den Gedanken, den wir schon thematisiert haben, nicht wieder, dass etwas »nachträglich verstanden« wurde, dass etwas *gehört und nachträglich verstanden** wurde. Was »nachträglich« kommt, ist nicht mehr ein »nachträglich verstanden«, es ist einfach eine stärkere Reaktion.

Aber ich will nicht sagen, dass es nur negative Elemente in diesem Brief gibt. Es gibt ein extrem widersprüchliches, aber trotz allem interessantes Element, das ich hervorgehoben habe, nämlich die Einführung der biologischen Abfolge. Verdrängung und Nachträglichkeit lassen sich in diesem Text nur auf der Grundlage einer Abfolge verstehen, einer zeitlichen Stufenleiter von Zonen und verschiedenen Formen von Sexualität. Die Abfolge I (individuell psychobiologisch) kann nur vor dem Hintergrund der Abfolge II (in der es um die artspezifische Biologie geht) verstanden werden. Ich möchte also Folgendes sagen: zunächst, dass es mehrere Möglichkeiten gibt, die Abfolge II zu verstehen (hier spreche ich natürlich in meinem Namen). Man muss sie nicht zwangsläufig auf einer rein biologisierenden Ebene verstehen. Die Aufeinanderfolge der Stadien oral, anal, genital kann auch anders als allein durch Reifefaktoren festgelegt sein. Sie kann auf einer sehr viel stärker interpersonalen, ja sogar anthropologischen Ebene verstanden werden. So versteht sich von selbst, dass die Oralität vorausgeht, es geht da nicht um eine innere Reifung, sondern darum, dass die erste Sorge der Mutter zunächst das Ernähren betrifft; alsbald wird das Problem der Ausscheidungen hinzukommen, sehr bald, aber erst in einem zweiten Schritt.

Aber ich möchte die Aufmerksamkeit vor allem auf die Beziehung zwischen Abfolge I und Abfolge II lenken. Man kann sie charakterisieren als: »etwas zeichnet sich ab vor dem Hintergrund von« oder »auf der Grundlage von«. Die Abfolge der psychologischen Verdrängung zeichnet sich auf der Grundlage einer organischen Entwicklung ab. All dies kann Wort für Wort aus einem ziemlich eng gefassten Determinismus abgeleitet werden. Zu diesem Zeitpunkt des Freud'schen Denkens ist das zugrunde liegende Schema nicht sehr weit vom Gegensatz »Unterbau – Oberbau« [infrastructure – suprastructure] entfernt. Ausdrücke, die Freud übrigens, zum Beispiel im Brief 52, verwendet (ohne deshalb auf Marx Bezug zu nehmen[28]). Nachdem er die Verdrängung beschrieben hat, drückt er sich folgendermaßen aus: »Soweit der Oberbau. Nun der Versuch, ihn auf die Organgrundlage zu stellen« (Freud, 1986, S. 221). Sie erinnern sich, dass die Grundlage zu diesem Zeitpunkt ... die »Perioden« von Fließ waren, das heißt eine *sogenannte* biologische Grundlage, die in Wirklichkeit nur in der Phantasie existierte.

Somit kann die Beziehung zwischen Abfolge I und Abfolge II als ein ziemlich enger Determinismus verstanden werden und vor allem als eine Wort-für-Wort-Entsprechung. Wir sehen, wohin uns das alles führen kann: Um dieser Entsprechung Ausdruck zu verleihen, kann man einfach sagen, dass die Phantasien Äußerungsformen oder Erscheinungsweisen des Triebes sind, und der Trieb seinerseits seine Quelle im Organismus hat.

Biologisierende Auffassung des Triebes: Die Kleinianer

Die Phantasie als Ausgeburt des Triebes, der Trieb als Ausgeburt einer organischen Abfolge. Genau das wird die Auffassung der Kleinianer sein.

28 [Die französische Übersetzung der Fließ-Briefe von Kris und Masson vermeiden die Ausdrücke *substructure* und *base*, offenbar um die Überschneidung mit der Marx'schen Terminologie zu vermeiden: »Voilà pour la superstructure. Tentons maintenant de la poser sur son fondement organique« (Freud, 2006, S. 267; vgl. J. House in Laplanche, 2017b [2006], S. 95); A. d. Ü.]

Man kann sich dafür auf einen zentralen Aufsatz beziehen (in dem die Idee der Nachträglichkeit ganz und gar fehlt, wie im Kleinianischen Denken im Allgemeinen), auf den bekannten Aufsatz von Susan Isaacs von 1948, abgedruckt in den *Developpements de la psychanalyse*, mit dem Titel: »Wesen und Funktion der Phantasie«. Ich zitiere diese paar Zeilen:

> »[Unbewusste; A. d. Ü.] Phantasien handeln in erster Linie von Körpern und repräsentieren Triebziele auf Objekte hin. Diese Phantasien sind in erster Linie die psychischen Repräsentanzen libidinöser und destruktiver Triebe« (Isaacs, 2016, S. 580).

Man könnte diese Auffassung sehr freudianisch nennen. Doch zum Glück gibt es bei Freud noch andere Ideen, die man aufsammeln kann. Die Phantasien als psychische Repräsentanzen der Triebe, die Triebe als Repräsentanzen von organischen Prozessen! Egal, ob man das mechanistisch nennt oder ob man darin sogar eine Art spinozistisches Echo hört, wichtig ist die Wort-für-Wort-Entsprechung. Dem versuche ich hier eine zweite Interpretation entgegenzustellen, wie das Spiel der Verdrängung »auf der Grundlage einer darunter liegenden Abfolge« anders verstanden werden kann. Der wesentliche Unterschied besteht darin, die darunter liegende Abfolge nicht so zu verstehen, dass sie Wort für Wort in eine psychologische Abfolge übersetzbar ist, sondern dass jede Etappe bedeutungstragendes Material bereitstellen kann, das heißt eine Sprache oder einen Code. Sie sehen also, dass man in beiden Fällen durchaus auf den Begriff der Übersetzung zurückgreifen kann; bei den Kleinianern ist mit dieser Idee der Repräsentanz die Vorstellung verbunden, dass die oralen Phantasien die »Übersetzung« von oralen biologischen Prozessen sind. Es gibt in der Tat eine Wort-für-Wort-Entsprechung; aber kann denn die Libido, genauer gesagt diese Hormonentladung, in eine psychische Übersetzung gelangen? Wir haben hier also eine Auffassung, die den Terminus der Übersetzung nicht völlig zurückweist, ihn aber auf eine sehr eigenartige Weise versteht. Die andere Auffassung wäre die, die ich vertrete und die manchmal auch, versteckt im Hintergrund, bei Freud zu finden ist, insbesondere im Brief 52/112; in ihr ist die Abfolge II, die zugrunde liegende Abfolge, ob sie nun biologisch oder vielleicht (meiner Meinung nach) biokulturell ist, eine Folge von Sprachen [langages]. Und das ist ein großer Unterschied, weil *sich* eine Sprache *nicht übersetzen lässt*; eine Sprache ist das, was überhaupt erst ein Übersetzen ermöglicht, es ist das, »in was übersetzt wird«.

23. Januar 1990

S. Isaacs und die Sprache des Triebes

Dieser Brief vom 14. November 1897, den ich schon einmal ausführlich diskutiert habe, hat mich dazu geführt, einmal mehr das Übersetzen und den Begriff der Übersetzung neu zu überdenken. Um das Verständnis zu erleichtern, habe ich vorgeschlagen, von zwei übereinandergelegten Abfolgen auszugehen: Es gibt, so würde ich sagen, eine Abfolge von zeitlich geordneten Ereignissen, also die sogenannten aufeinanderfolgenden organischen Stadien der Sexualität bei Freud. Ich für meinen Teil würde eher von aufeinanderfolgenden Situationen sprechen, Etappen, in denen der Erwachsene das Kleinkind versorgt. Und dann gäbe es die andere Ebene der Phantasie, vielleicht auch des Triebes. Und hier habe ich dann zwei Auffassungen der »Übersetzung« zwischen diesen beiden Ebenen einander gegenübergestellt: 1°) Die eine Auffassung besteht in einer Wort-für-Wort-Übersetzung. Das ist Susan Isaacs Vorschlag. Die Phantasie oder das Phantasma ist die »psychische Übersetzung« eines Umwandlungs- oder eines organischen Prozesses. Wobei sich der orale, anale usw. Vorgang in eine Phantasie verwandelt. 2°) In der anderen sich abzeichnenden Auffassung hat das Kind etwas vor sich, das »zu übersetzen« ist, für dessen Übersetzung es, wie wir metaphorisch sagen können, aufeinanderfolgende Sprachen verwenden wird; Codes, die sich nacheinander anbieten; dabei lasse ich es offen, ob diese Reihenfolge nur »organisch« oder vielleicht »anthropologisch«, »anthropologisch-organisch« zu nennen ist.

Ich möchte es noch klarer sagen: Susan Isaacs kommt, wie viele andere auch, auf eine sehr bekannte Passage aus Freuds Aufsatz »Die Verneinung« (1925h) zu sprechen (den Sie auf Französisch in *Résultats, idées, problèmes II* finden), in der Freud tatsächlich von Sprache spricht. Sie wissen, dass dieser Text zur psychoanalytischen Begründung des Begriffs der Verneinung [négation] von philosophischem Wert ist und einen philosophischen Anspruch hat. *»Verneinung«** (das fälschlicherweise mit »dénégation«

übersetzt worden ist, auch von Pontalis und mir selbst) meint Verneinung sowohl im logischen als auch im psychologischen Sinne des Wortes.

Ich lese Freud:

> »Die Urteilsfunktion hat im wesentlichen zwei Entscheidungen zu treffen. Sie soll einem Ding eine Eigenschaft zu- oder absprechen, und sie soll einer Vorstellung die Existenz in der Realität zugestehen oder bestreiten« (Freud, 1925h, S. 13).

Freud greift hier zwei klassische Funktionen des Urteils auf: einerseits das Attributionsurteil und andererseits das Existenzurteil. Was bei Freud originell ist (aber nicht einzigartig in der Philosophie), ist das Attributionsurteil vor das Existenzurteil zu stellen. Bevor man sagt, ob eine Sache existiert, muss man sagen, wie sie ist, ob sie gut *oder* schlecht ist. Die erste Entscheidung ist hier also das Attributionsurteil. Nach dieser Klammer setze ich meine Lektüre Freuds fort:

> »Die Eigenschaft, über die entschieden werden soll, könnte ursprünglich gut oder schlecht, nützlich oder schädlich gewesen sein. In der Sprache der ältesten, oralen Triebregungen ausgedrückt: ›Das will ich essen oder will es ausspucken‹, und in weitergehender Übertragung: ›Das will ich in mich einführen und das aus mir ausschließen.‹ Also: ›Es soll in mir oder außer mir sein‹« (ebd.).

Ich möchte diese Art von Ur-Introjektion bei Freud nicht im Detail verfolgen. Was mich interessiert, ist das, was er als »Sprache der oralen Triebregungen« bezeichnet. Susan Isaacs verwendet den Text so:

> »Was Freud […] ›die Sprache der oralen Triebregungen‹ nennt, bezeichnet er anderswo als ›psychischen Ausdruck eines Triebes‹« (Isaacs, 2016, S. 572).

Wenn Sie so wollen, gibt es eine grundlegende Verwirrung bei Susan Isaacs. Freud sagt nicht, dass die orale Phantasie die Übersetzung des oralen Triebes ist. Er sagt, dass es am Anfang ein ursprüngliches Zu-Übersetzendes gibt, ursprünglich, »Gutes oder Schlechtes«, das in eine Sprache übersetzt wird. Sie sehen, dass der Trieb bei Freud nicht mit einem Ausdruck des Somatischen gleichgesetzt wird, sondern mit einer Sprache, in der etwas zum Ausdruck kommen muss. Und warum sollte dieses Etwas nicht eine Art von Botschaft sein, die an das Kind gerichtet ist.

Meine Schlussfolgerung zu diesem Brief lautet nun folgendermaßen. Hier wird die *»Nachträglichkeit«** im Denken Freuds zum ersten Mal als Konzept eingeführt. Und hier wird gleichzeitig die Idee einer grundlegenden Abfolge biologischen Ursprungs eingeführt, das heißt aufeinanderfolgende biologische Stadien, die sich gegenseitig »verdrängten« und nacheinander aufgegeben würden. Ich erinnere daran, dass diese »Auflassung« (Freud, 1986, S. 302) ihrerseits genauso funktioniert wie die phylogenetische Auflassung von aufeinanderfolgenden Formen von Sexualität (wir sind hier mitten in der Freud'schen Spekulation). Ich habe angemerkt, dass diese Einführung einer Basisabfolge nicht zwangsläufig negativ ist, unter der Bedingung, dass an der Idee eines grundlegenden »Zu-Übersetzenden« festgehalten wird (was meiner Meinung nach hier nicht der Fall ist), dass sich also die Übersetzung auf eine Botschaft des anderen bezieht. Nun, *genau in dem Moment, in dem die Verführungstheorie mehr und mehr verblasst, im selben Moment, in dem die im Brief 52 formulierte übersetzerische Theorie der Verdrängung verschwindet, erscheint die »Nachträglichkeit«* als Konzept.* Es gibt hier offenkundig einen besonders interessanten Synkope-Effekt, was uns zu anderen Nachträglichkeitswirkungen der Nachträglichkeit führt.

C. F. Meyer: Der Page von Gustav Adolf

Ich werde nun zwei spätere Stellen angehen, die für das Freud'sche Konzept von *»Nachträglichkeit«** ebenso zentral sind wie für unsere eigene Diskussion: Die eine, im Brief 169 vom 9. Juni 1898, ist eine »literarische« Stelle. Dieses Beispiel zeigt schön, dass die *»Nachträglichkeit«** zwischen Freud und Fließ hin und hergegangen ist, denn hier hat Freud sich daran gemacht, den seinerzeit sehr bekannten, heute ein wenig in Vergessenheit geratenen Novellenschreiber Conrad Ferdinand Meyer zu lesen (man findet ihn nicht einmal in einem ansonsten ziemlich guten Nachschlagewerk literarischer Werke, was einigermaßen seltsam ist). Im dann folgenden Brief (170) analysiert Freud übrigens eine Novelle dieses Autors mit dem Titel *Die Richterin* (der meiner Meinung nach ziemlich zu Unrecht mit »La femme juge« [»Die Richterin«; A. d. Ü.] übersetzt worden ist, und nicht mit »La justicière« [»Der Racheengel«; A. d. Ü.]). Jedenfalls ist dies, wie die Kommentatoren der Fließ-Briefe angemerkt haben, die erste

»Anwendung« der Psychoanalyse auf ein literarisches Werk. Nun, schon seit dem vorangegangenen Brief (169) ist Freud dabei, Conrad Ferdinand Meyer zu lesen; die fragliche Novelle ist *Gustav Adolfs Page*. Ich resümiere kurz die Geschichte. Wir befinden uns im Dreißigjährigen Krieg. Gustav Adolf, der König von Schweden, Vater von Christine von Schweden, versucht, Deutschland im Namen der Reformation gegen die Katholiken zu erobern, also gegen die Verbündeten des Heiligen Reiches. Und Gustav Adolf, diese ziemlich romantische Persönlichkeit, die Hauptperson dieser Novelle, stellt einen Pagen an. Page ist damals nicht gerade ein einfacher Beruf. Es geht nicht um Hofpagen, sondern um Adjutanten, die im Krieg allergrößten Risiken ausgesetzt sind, drei oder vier dieser früheren Pagen wurden so bereits in diesem Krieg getötet. Bei der Suche eines neuen fällt das Auge des Königs auf den Sohn einer befreundeten bürgerlichen Familie, die er gut kennt. Für den Vater und den Sohn ist dies eine Katastrophe, weil sie wissen, dass man den jungen Mann in den Tod schickt, wenn er die Wahl annimmt, und ablehnen kann man diese große Ehre natürlich auch nicht. Nun gibt es aber in dieser Familie nicht nur einen Sohn, sondern auch eine Tochter; und diese Tochter, »Gustel«[29], ist seit ihrer Kindheit in Gustav Adolf verliebt, und zwar so sehr, dass sie sich sofort anbietet, ihren Bruder zu ersetzen. Man lässt den Bruder rasch verschwinden, schickt ihn auf eine Reise, und sie verkleidet sich als Junge.

Wenn jemand in die Armee einberufen wurde, konnte ein anderer wie häufig zu dieser Zeit seinen Platz einnehmen. Aber sie ist in Gustav Adolf verliebt und verkleidet sich als Page. Sie verbringt so einige Monate mit Gustav Adolf und wir haben Teil an dieser Art von Gesellenzeit. Gustav Adolf ahnt nichts, er weiß nicht, dass er ein Mädchen bei sich hat; und in einem Moment, in dem sie beinahe als Mädchen entdeckt worden wäre, läuft sie weg, um nicht als Verräterin ihm gegenüber angeklagt zu werden. Schließlich werden beide sterben. Gustav Adolf wird tatsächlich durch Verrat getötet, und sie auch, als sie ihn verteidigt. Das Ganze endet in einer makabren Szene, in der beide in eine Kirche geführt werden und man einen ziemlich schönen, düsteren Totengesang für beide hört.

Warum interessiert sich Freud dafür? Natürlich kann ich mich nicht zu lange bei dieser Verkleidungsgeschichte aufhalten, bei der er sicher seinen Spaß hätte haben können, die Geschichte einer psychoanalytischen Interpretation zu unterziehen, doch lesen wir, was er sagt:

29 [Bei Laplanche heißt sie fälschlich »Gürtel«; A. d. Ü.]

> »C.F. Meyer lese ich mit großem Genuß. In ›Gustav Adolfs Page‹ finde ich den Gedanken der ›*Nachträglichkeit*‹* zweimal, in der berühmten, von Dir entdeckten Stelle mit dem schlummernden Kuß und in der Episode mit dem Jesuiten, der sich als Lehrer bei der kleinen Christine einschleicht« (Freud, 1986, S. 345 [»Nachträglichkeit« nur bei Laplanche in Anführungsstrichen und kursiv gesetzt; A. d. Ü.]).

Freud wendet sich dann von der Novelle ab und fährt folgendermaßen fort:

> »In Innsbruck wird ja die Kapelle gezeigt, wo sie zum Katholizismus übergetreten ist!« (ebd.).

Ich komme zum zweiten von Freud erwähnten Beispiel, das ziemlich amüsant ist und das über den Brief selbst hinausgeht. In der Novelle gibt man der kleinen Christine, der zukünftigen Christine von Schweden und der zukünftigen Briefpartnerin von Descartes, natürlich einen besonders protestantischen Lehrer, bis zu dem Tag, an dem man bemerkt, dass die kleine Christine in einer Ecke dabei ist, ihren Rosenkranz zu beten. Katastrophe! Und man bemerkt, dass der falsche protestantische Lehrer ein Jesuit ist, der sich als Protestant verkleidet hat, um – man muss es genauso sagen – die Kleine zum Katholizismus zu verführen. Da, wo Freud die nicht weiter erwähnte Nachträglichkeit erkennt, wird sie verjagt (Gustav Adolf, der dem Jesuiten den Kopf hätte abschneiden lassen können, gibt sich damit zufrieden, ihn zu verjagen). Mehr wird darüber nicht gesagt. Wo befindet sich die *Nachträglichkeit**? In der Idee, dass die kleine Christine nachträglich zum Katholizismus konvertieren wird? Das ist ein sehr zweifelhaftes Beispiel für Nachträglichkeit.

Das viel interessantere Beispiel war ihm von Fließ signalisiert worden. Dabei geht es um den »schlummernden Kuß«. Die Situation ist die folgende: Die kleine »Gustel« ist von Gustav Adolf weggelaufen, weil man sie zu Unrecht beschuldigt hat und der König sie verdächtigen konnte, Verrat zu begehen. Sie geht also weg. Niemand ahnt, dass sie ein Mädchen sein könnte; aber da sie des Verrats verdächtigt wird, geht sie verzweifelt weg und irrt zu Pferd in der Armee von Gustav Adolf umher, wo sie auf einen Hauptmann trifft. Eher einen Oberst, der früher ein Hauptmann war und den Vater dieses Mädchens kannte. Dieser Oberst erkennt sie wieder, zunächst an ihren Bewegungen und dann an einer Narbe, die sie seit der Kindheit von einem Sturz vom Pferd zurückbehalten hat. Er erkennt sie wieder und begrüßt sie mit diesen Worten: »meine arme Kleine«[30], er züchtigt sie nicht, sondern sagt:

> »Halsgefährlich, Kind, war es gerade nicht! Wurdest du entlarvt: ›Pack dich, dummes Ding!‹ hätte er dich gescholten und den nächsten Augenblick an etwas anderes gedacht. Ja, wenn dich die Königin demaskiert hätte! Puh! Nun sag ich: man soll die Kinder nicht küssen! So'n Kuß schläft und lodert wieder auf, wann die Lippen wachsen und schwellen« (Meyer, 1959, S. 205).

Da haben wir also den »schlummernden Kuß«. Sie geben einem Säugling einen Kuss auf die Lippen, der Kuss schläft dann, um aber erneut aufzulodern, sobald die Lippen gewachsen und angeschwollen sind, was der Offizier wie folgt erklärt:

> »›Und wahr ist's und bleibt's, der König hat dich mir einmal von den Armen genommen, Patchen, und hat dich geherzt und abgeküßt, daß es nur so klatschte! Denn du warest ein keckes und hübsches Kind.‹ Der Page wußte nichts mehr von dem Kuß, aber er empfand ihn wild errötend« (ebd.).

Sicher, Freud hat das Beispiel selbst nicht diskutiert. Aber es ist offensichtlich, in welchem Sinn er es versteht, und es ist auch zu erkennen, was in seiner Auffassung fehlt. Die Szene des »schlummernden Kusses« findet zu zwei Zeitpunkten statt. Die erste ist die Einschreibung einer Erregung auf den Lippen des Kindes. Diese Einschreibung bleibt in einem Schlafzustand, bis die erogene Labialzone durch pubertäre oder präpubertäre Prozesse, »wann die Lippen wachsen und schwellen«, aufgeweckt wird. Dann wird die Spur des Kusses von innen neu besetzt, mit dem Ergebnis einer viel stärkeren – einer überwältigenden – Erregung, als es die frühkindliche Erregung war. Das im Entwurf vorgeschlagene Schema zeigt, dass die Erregung: 1°) viel intensiver ist und 2°) von innen kommt, von dort, wo das Subjekt keinen »Angriff« erwartet. Daher gibt es keine Vorbereitung und einen Überraschungseffekt, was zusammengenommen den pathologischen Prozess der Verdrängung auslösen wird. Das ist genau das Schema der »Zeitbombe«, für das die englischen Übersetzer die Formulierung »der aufgeschobenen Handlung« vorgeschlagen haben. Die Handlung ist ein quasi mechanischer Ablauf, ohne dass etwas die Ausrichtung »vergan-

30 [»Gustel, du Narre«, heißt es in der deutschen Fassung der Novelle; A. d. Ü.]

gen – gegenwärtig«, also den »Zeitpfeil«, durcheinander und damit in eine Dialektik bringen könnte.

Aber genau dadurch wurde etwas vergessen, die gegenläufigen Hinweise auf etwas Gesagtes, das zunächst »gehört«, dann »nachträglich verstanden« wurde. Dem kann Freud nur dadurch entgehen, dass er die erste Zeit auf einen *unpersönlichen Erregungsvorgang* beschränkt. Wenn man den ursprünglichen Kuss rein mechanisch versteht, führt er weder zu einer Neuinterpretation noch zu einer möglichen nachträglichen Übersetzung. Durch die Pubertät wird einfach die Erinnerung an die Erregung vergrößert, aber was rein somatische Erregung ist, bleibt rein somatische Erregung. Was einmal eine solipsistische Erregung eines Subjekts gewesen ist, bleibt eine solipsistische Erregung. Wenn man die Geschichte der jungen Gustel einzig vor dem Hintergrund der aufeinanderfolgenden Phasen versteht, dreht man sich im Kreis. Was der klassischen Freud'schen Deutung fehlt, ist der intersubjektive Aspekt des Ereignisses. Was der Erwachsene-Andere, Gustav Adolf, durch seinen Kuss auf die Lippen des Kindes einpflanzt, ist eine Erregung, die zugleich eine zu entziffernde Botschaft ist, eine rätselhafte Botschaft, die ihrerseits von der unbewussten Sexualität des Anderen durchtränkt ist. Dadurch entsteht eine (in der zeitlichen Ausrichtung) zweiseitige Dialektik zwischen der fortbestehenden bzw. neu belebten Botschaft und ihrer Übersetzung, wenn sie dann in der Pubertät neu besetzt und drängend wird.

Die Traumdeutung: Ein grundlegender Text für die Nachträglichkeit

Ein zweites zentrales Beispiel liegt zwischen den Fließ-Briefen und der Veröffentlichung des »Wolfsmannes«. Es handelt sich um eine Passage aus der *Traumdeutung* innerhalb der weitreichenden Assoziationen und Betrachtungen rund um den sogenannten »Knödel-Traum«[31] (die Fleischbouletten, die Freuds Mutter zubereitete). Hier die für unser Thema wichtige Passage:

> »An der Frauenbrust* treffen sich Liebe und Hunger. Ein junger Mann, erzählt die Anekdote, der ein großer Verehrer der Frauenschönheit wurde, äu-

31 [»Knödel« ist i. O. deutsch; die Sequenz ist Teil des von Freud so genannten »Parzentraums« (Freud, 1900a, S. 210–213); A. d. Ü.]

> ßerte einmal, als die Rede auf die schöne Amme kam, die ihn als Säugling genährt: Es tue ihm leid, die gute Gelegenheit damals nicht besser ausgenützt zu haben. Ich pflege mich der Anekdote zur Erläuterung für das Moment der Nachträglichkeit in dem Mechanismus der Psychoneurosen zu bedienen (Freud, 1900a, S. 211 [»Nachträglichkeit« bei Freud gesperrt gedruckt; A. d. Ü.]).

Hier gibt es also ein ziemlich kompliziertes Spiel zwischen der oralen infantilen Sexualität, die an das Stillen geknüpft ist, und dem oralen Spiel des Erwachsenen an der Brust der Frau.

In diesem Text, den ich bereits des Öfteren kommentiert habe, möchte ich einige Punkte hervorheben. Zunächst einmal kann man davon ausgehen, dass es um die Geschichte einer einzigen Person geht, die zuerst ein Säugling und dann ein junger Erwachsener ist. Es ist natürlich derselbe, der sich selbst wiedersieht in seiner frühesten Kindheit und die damals verpasste sexuelle Gelegenheit bedauert. Zwischen diesen beiden Altersstufen derselben Person, die gleichzeitig präsentiert werden, wählt Freud nicht aus. Er lässt die Richtung des Zeitpfeils sozusagen unbestimmt. Er hätte zwei symmetrische Aussagen treffen können: »Sehen Sie, wie diese frühe Zeit, also die beim Stillen verspürte sexuelle Lust, die Sexualität der erwachsenen Person bestimmt.« Oder aber: »Sehen Sie, wie dieser junge Erwachsene sich in die selbst völlig unschuldige kindliche Situation zurückversetzt [se replace rétroactivement] und dort Sexualität einführt.« Tatsächlich lässt die Idee der *»Nachträglichkeit«* * beide Richtungen möglich erscheinen.

Aber wie im Falle des »Pagen« müssen wir feststellen, dass hier etwas fehlt, und dieses Fehlende lässt die Symmetrie der beiden Zeitpfeile einigermaßen künstlich erscheinen. Was fehlt, ist die Tatsache, dass Freud (auf solipsistische Weise) den ganzen Prozess *in ein und derselben* Person, dem besagten männlichen Subjekt (Säugling – Erwachsener), ansiedelt. Es ist ein und dasselbe Subjekt, das dieses Kind gewesen ist und das, einmal erwachsen, dieses Kind betrachtet. Darüber hinaus wird die evozierte kindliche Erfahrung als reine Wollust [jouissance] dargestellt ohne jeden Vorstellungsinhalt, das heißt nach unserer Auffassung *ohne Botschaft*. Denn die abwesende Person in Freuds kleinem Beispiel, sowohl in der Aktion als auch in der Interaktion, ist ganz einfach ... *die Amme*. Selbst wenn sie körperlich anwesend ist, ist sie als Gesprächspartnerin, die eine Botschaft an das Kind richtet, abwesend. In Freuds Konzeption *könnte sie* letztlich *durch eine materielle Quelle ersetzt werden*, die angenehm und lustvoll wäre und irgendeine wunderbare Flüssigkeit ausstößt, oder durch eine Frucht außerordentlichen Geschmacks, die aber nicht spricht. Es sind also bei Freud sowohl in der Geschichte von Gustel als auch in der des jungen »Bewunderers weiblicher Schönheit« alle *dramatis personae* gegeben; es sind jedoch drei an der Zahl und nicht zwei: das Subjekt als Kleinkind, das Subjekt im Alter sexueller Reife und eine dritte Person, die eine vollwertige Akteurin ist: Gustav Adolf oder die Amme. Und nach meiner Ansicht hat der ganze Prozess seinen Ursprung in diesem Erwachsenen-Anderen, weil seine Geste unabtrennbar von einer sexuellen/nicht sexuellen Botschaft ist, einer Botschaft, die jahrelang schlummern wird, um dann aufgeweckt zu werden und »nachträgliches Verstehen«, das heißt Übersetzung, einzufordern.

Doch Freud vergisst in seiner Beschreibung der Nachträglichkeit vollständig diesen Dritten, der der eigentliche Motor des ganzen Prozesses ist. Infolgedessen beschränkt er sich darauf, Spekulationen über die Geschichte einer einzigen Person anzustellen, indem er unentschieden schwankt zwischen einem Determinismus, der aus einer angeblich biologischen infantilen Sexualität hervorgeht, und einer Art »rückwärtsgerichteten« Deutung [interprétation »rétroactive«], die allen möglichen Wegen hermeneutischen Abtriftens, heißen sie »Sinngebung« oder »Neuinterpretation« [resignification], Tür und Tor öffnet.[32]

»Über Deckerinnerungen«

Um für heute zu schließen, werde ich kurz auf einen Text aus derselben Zeit eingehen, in dem der Terminus *nachträglich** überraschenderweise nicht vorkommt. Es ist der Aufsatz mit dem Titel *»Über Deckerinnerungen«** (früher mit »souvenir-écrans« [heute mit »souvenirs-couverture«; A. d. Ü.] übersetzt; auf Französisch ist er im dritten Band der *Œuvres complètes* erschienen). Dieser Text von 1899 widmet sich dem Problem der unbedeutenden Kindheitserinnerungen: Man weiß nicht, warum sie trotz ihres nichtigen Charakters klar im Gedächtnis behalten werden. Man kann diesen Text auf zweierlei Art lesen: einmal in Bezug auf die Biografie Freuds, denn das erwähnte Erinnerungsbeispiel ist tatsächlich eine Erinnerung von Freud selbst. Ich verweise hier auf die Arbeit von Anzieu

32 Vgl. »Deutung zwischen Determinismus und Hermeneutik. Eine neue Fragestellung« in Laplanche (2005 [1992], S. 142–176), hier: S. 166.

in seinem Buch *Freuds Selbstanalyse* (Anzieu, 1990 [1975]), in der die Analyse dieser Erinnerung auf Seite 225 ausführlich nachgezeichnet wird. Dieser biografischen Perspektive werden wir hier jedoch nicht folgen; denn wir interessieren uns für die Theorie, die Freud auszuarbeiten sucht und die immer noch mit dem »Zeitpfeil« in Verbindung steht. Seine theoretische Schlussfolgerung, die auf ein oder zwei Seiten zusammengefasst wird, ist nun ziemlich kurios. Freud zeigt zunächst, dass diese »unbedeutenden« Erinnerungen in Wirklichkeit Abwehrcharakter haben, von daher der Terminus »Deck-«: Es sind Erinnerungen, die »abschirmen«, die »die Wahrheit verdecken«; das Unbedeutende verdeckt das Sexuelle; und andererseits gibt es einen komplexen Bezug zwischen dem Sexuellen und dem Nicht-Sexuellen und auch zwischen dem Vergangenen, der Kindheit, und den unterschiedlichen Epochen des Lebens. Freud schreibt in seiner Schlussfolgerung:

> »Je nachdem das eine oder das andere zeitliche Verhältnis zwischen Deckendem und Gedecktem statt hat, kann man die Deckerinnerung als eine *rückläufige* oder als eine *vorgreifende* bezeichnen« (Freud, 1899a, S. 551).

»Rückläufig« [rétrograde] meint, dass sie Vergangenes unter Gegenwärtigem verdeckt und »vorgreifend«, dass Zukünftiges unter Vergangenem verdeckt wird. Das ist eine interessante Schlussfolgerung. Der Terminus *»nachträglich«** wird nicht verwendet, aber er hätte verwendet werden können. Interessant ist dabei nun, dass dieser ganze Text immer nur in Bezug auf den Heranwachsenden oder Erwachsenen von Sexualität spricht, während die infantile Sexualität des Erzählers (das heißt von Freud) überhaupt nicht auftaucht. Das ist sehr merkwürdig, weil es völlig bewusst gemacht wird. Wir wissen, dass Freud in seiner Selbstanalyse die sexuellen Aspekte dieser Kindheitsszenen perfekt verstanden hat, Anzieu zeigt das sehr gut. Hier findet man dagegen eine analysierte, aber um ihren infantilsexuellen Aspekt gekürzte Erinnerung, die eine völlig schiefe theoretische Schlussfolgerung nach sich zieht. Wir wissen von Freuds vielfältigen Versteckspielen um seine Kindheit. In der *Traumdeutung** sind seine Träume meistens um ihre sexuellen Seiten beschnitten. Und in diesem Aufsatz, in dem Freud sich anschickt, ein Versteckspiel, eine »Decke«, aufzudecken, ist es ausgerechnet das Versteckte, das weitgehend abwesend ist: die infantile Sexualität. So kommt es, dass man ausgerechnet in diesem Text, in dem Freud die Idee des Versteckspiels der Sexualität thematisiert, mit Blick auf die Nachträglichkeit zwangsläufig falsche Schlussfolgerungen in Bezug auf die Theorie der Deckerinnerung ziehen muss.

Betrachten Sie diesen Text und seinen Kommentar bei Anzieu. Der Bezug zum Sexuellen *in der Kindheit* ist sehr leicht ausfindig zu machen, schon allein durch das Blumenentreißen oder das Abreißen eines Zweigs, von denen Freud anderswo sagt, dass es sich um ein Masturbationssymbol handelt. Dieser volkstümliche Ausdruck im Deutschen – »sich einen ausreißen« für »sich masturbieren« – versteckt sich noch hinter der Art, wie Freud seine Kindheit erzählt, sagt er doch:

> »Als ich ungefähr drei Jahre alt war, trat eine Katastrophe in dem Industriezweig ein, mit dem sich der Vater beschäftigte« (Freud, 1899a, S. 542).

Es ist natürlich dasselbe Wort in Industrie*zweig*, und beim »Zweig«, den man »abreißt«.

Zu diesem Text will ich abschließend nur ein paar Worte sagen: Obwohl er reich ist an persönlichem klinischen Material scheitert Freud hier, die darunter liegende Zeit zu begreifen. Indem er »rückläufige« und »vorgreifende« Deckerinnerungen *nebeneinanderstellt*, muss er sich nicht mit dem hier besonders drängenden Problem der zweifachen Richtung der Zeit herumschlagen.

Einleitung zum »Wolfsmann«

Beim nächsten Mal werde ich Ihnen vom »Wolfsmann« erzählen, dem letzten Verankerungspunkt von *nachträglich**. Es sieht in der Tat so aus, dass die *»Nachträglichkeit«** hier das einzige Mal nach den beiden vorher zitierten Texten und besonders nach der *Traumdeutung** zentral auftaucht. Einmal mehr tritt hier der Begriff der *»Nachträglichkeit«** in seinen verschiedenen Facetten in Erscheinung. In einem ersten Schritt möchte ich Sie bitten, den Text zu lesen. Denn wenn ich anfangen müsste, den »Wolfsmann« noch einmal im Detail zu kommentieren, würde das sicher mehr als fünf oder sechs Sitzungen in Anspruch nehmen. Es ist ein hochkomplexer Text, der in alle Richtungen ausgedeutet und immer wieder neu diskutiert worden ist. Hilfreich ist das ziemlich gute, kürzlich erschienene Buch von Mahony: *Cries of the wolf man* (Mahony, 1984). Vor allem Kapitel IV, mit dem Titel »Über die Form der Darstellung im *Wolfsmann*« [»The

Expository Nature of *From the History of an Infantile Neurosis*«; A. d. Ü.] zeigt, wie Freuds Art, den Wolfsmann zu präsentieren, die ganze Komplexität von *nachträglich** widerspiegelt; denn obwohl sie die Chronologie berücksichtigt, ist die Darstellung auf mehreren Ebenen durchgehend mit der Nachträglichkeit verknüpft. Die ganze Geschichte des Wolfsmannes ist natürlich mit der Nachträglichkeit verknüpft, wie übrigens jede menschliche Geschichte. Aber darüber hinaus ist die Erzählung Freuds selbst in der Nachträglichkeit verankert, was schon allein ihr Titel »Aus der Geschichte einer infantilen Neurose« zeigt, denn er behauptet schließlich, ausgehend von der Analyse einer Erwachsenenerkrankung nicht Kindheitserinnerungen, sondern eine infantile Neurose als klinische Realität vor unseren Augen wiederherzustellen: Ausgehend von der Erwachsenenanalyse wird die »infantile Neurose« rekonstruiert, und eben nicht nur Kindheitserinnerungen.

Und in diesem *nachträglich** der Erzählung kommt unaufhörlich die Kur dazwischen und das, was fortlaufend als *Nachtrag**, also als Ergänzung hinzufügt wird. Genauso ist ja der Nachtragsband einer Edition der nachträgliche Band, der Band mit den Zusätzen. Im Buch gibt es sogar ein Kapitel, das *Nachtrag** heißt, was wir im Französischen mit »suppléments« wiedergegeben haben, weil wir kein besseres Wort gefunden haben; in Wirklichkeit müsste es jedoch »suppléments après coup« heißen. Und dann gibt es durchgängig ein Spiel, das man mit der Flashback-Technik des Films vergleichen könnte. Und dann und vor allem betrifft das letzte *nachträglich** im Wolfsmann Freuds eigenes Denken. Es gibt die *nachträgliche** Rückkehr zur »alten Traumatheorie«, die plötzlich wieder aufzuleben scheint, sagt er (genau wie der schlummernde Kuss von Gustel). Auf der anderen Seite wird hier die ganze Debatte mit Jung geführt, die genau diese Frage des »zurück« betrifft, die rückwärtsgewandte Phantasie oder das *Zurückphantasieren**. Und schließlich wird dieser 1914 redigierte Text erst vier Jahre später veröffentlicht, 1918, und von Anfang an begleitet von zwei *Nachträgen** die nach den *Vorlesungen zur Einführung in die Psychoanalyse* (Freud, 1916–17a [1915–17]), also nach 1917 redigiert werden. Genau diese beiden »nachträglichen« Texte, die von Anfang an gleichzeitig mit dem Textkorpus veröffentlicht werden, stellen aber auf radikale Weise infrage, was als Ausgangsthese formuliert wurde.

Ich werde den »Wolfsmann« nicht Schritt für Schritt kommentieren, vielmehr versuche ich zu entwickeln, was aus diesem letzten Auftauchen des *nachträglich** abzuleiten ist. Dabei möchte ich auch die wesentlichen

Gründe angeben, wegen derer Freud und Jung in Widerstreit geraten, und zwar in Bezug auf zwei Termini: *Nachträglichkeit** und *Zurückphantasieren**. Man könnte sie *a priori* als benachbart ansehen und eine bestimmte moderne Hermeneutik in ihrer »konstruktivistischen« Ausrichtung auf die menschliche Geschichte mit ihrem Schlagwort »Neuinterpretation« hätte keine große Mühe, sie weitgehend gleichzusetzen. Ich möchte zeigen, wie Freud sich Jung beharrlich entgegenstellt und letztlich daran scheitert, das Feld abzustecken, auf dem er Jungs Theorie, eine in Wahrheit schon mit der ganzen zukünftigen Hermeneutik »schwanger gehende« Theorie, wirklich widerlegen könnte.

30. Januar 1990

Ich komme nun zum »Wolfsmann«, dem Text, in dem die Nachträglichkeit erneut zentral auftaucht, um zugleich den Schlusspunkt zwar nicht meiner eigenen Entwicklung, aber des Freud'schen Weges zu markieren. Ich habe auf die Komplexität hingewiesen, mit der sie hier erneut auftaucht. Sie finden den Text unter dem Titel »Aus der Geschichte einer infantilen Neurose« (Freud, 1918b [1914]). Im »Wolfsmann«, wie diese Fallgeschichte genannt wird, kommt das Adverb *nachträglich** etwa 15-mal und das Substantiv (also die *Nachträglichkeit**) zumindest zweimal vor; daneben gibt es Ausdrücke, die der Übersetzung Probleme bereiten, wie *Nachwirkung** oder *nachträgliche Wirkung**.

Zeitlichkeit der »Fall«-Erzählungen

Bereits die Rhetorik des Textes, also wie der Fall dargestellt wird, ist zutiefst mit dem Problem der Zeitlichkeit verbunden. Natürlich ist es ein allgemeines Problem psychoanalytischer Fallvorstellungen, die Chronologie des Falles und die Chronologie der Analyse miteinander in Verbindung zu bringen. Aber hier ist es sehr viel komplizierter. Es gibt tatsächlich eine lineare Chronologie mit genau angegebenen Daten, eine Chronologie, die als Orientierung dient und auf die Freud häufig zurückkommen wird, bis hin zu einer von ihm am Ende hinzugefügten Anmerkung, in der er das Ganze rekapituliert und die mit den Worten beginnt:

> »Ich stelle hier nochmals die Chronologie der in dieser Geschichte erwähnten Begebenheiten zusammen [...]« (Freud, 1918b [1914], S. 157, A.1).

Mit anderthalb Jahren ist das passiert, mit drei Jahren jenes, und dann mit drei Jahren drei Monaten noch jenes andere, dann mit vier Jahren etc. Diese chronologische Abfolge ist jedoch keineswegs der Leitfaden der

Darstellung. Sie finden zahlreiche für sich selbst genommen komplexe Rückblenden, manche könnte man als »totale« Rückblenden bezeichnen, manche zeigen nur Ausschnitte und könnten in Anlehnung an die Sprache des Films als »Flashbacks« bezeichnet werden; aber da kehren nicht einfach Erinnerungen bzw. erinnerte Szenen zurück, es handelt sich auch um Bewegungen des Zurückgehens, in denen das Vergangene erst verstanden wird. Und vor allem gibt es dann noch die *»Nachträge«**; man kann diesen Ausdruck wie gesagt mit »suppléments« übersetzen; es sind »nachträglich hinzugefügte Zusätze«. Insbesondere sind da zwei *»Nachträge«**, die deutlich nach der Redaktion des Haupttextes, der 1914 geschrieben wurde, formuliert wurden; diese *»Nachträge«** stammen von 1917–1918. Sie sind von großer Wichtigkeit für die Konzeption der Nachträglichkeit selbst, denn in ihnen wird die ganze Frage der Nachträglichkeit völlig auf den Kopf gestellt. Schließlich gibt es noch Anmerkungen, die 1923 hinzugefügt wurden. Für diese Verschränkung der Rhetorik und der Fallgeschichte verweise ich noch einmal auf das Buch von Patrick Mahony, *Cries of the wolf man*, das hoffentlich demnächst übersetzt wird, und insbesondere auf das Kapitel mit der Überschrift »The Expository Nature of *From the History of an Infantile Neurosis*«, in dem es um die Darstellungsform des Falles geht. Wie so viele andere vor ihm, die Freud zu diesem Thema untersucht haben, zeigt Mahony die enge Beziehung zwischen der Fallgeschichte selbst und Freuds Darstellungsweise auf.

Noch eine andere Form von Nachträglichkeit, ein dritte Form, wenn man so will, ist die Tatsache, dass der »Wolfsmann« später immer wieder neu von zahlreichen Analytikern analysiert worden ist. Um den Titel eines berühmten surrealistischen Gemäldes zu parodieren, ist er eigentlich von seinen Analytikern zurechtgestutzt worden. Sein Schicksal ist von Anfang bis Ende mit der Analyse verbunden, denn nach Freud wurde er von Ruth Mack Brunswick analysiert, auf die weitere folgten. Er wurde interviewt, er hat ein Buch über sich selbst herausgebracht, so dass er, wie es Michel Schneider im Vorwort zu einem der beiden wichtigen Bücher schreibt, nicht nur der »Mann der Wölfe« [l'homme aux loups] geworden ist, sondern auch der »Mann der Analytiker« [l'homme aux analystes]. Die Titel der beiden wichtigen Bücher, lauten: *Der Wolfsmann vom Wolfsmann* von Muriel Gardiner (Fischer 1972) und *Gespräche mit dem Wolfsmann*, die er mit Karin Obholzer geführt hat (Rowohlt 1980).

Sich auf die Probleme der Nachträglichkeit beschränken

Ich habe schon gesagt, dass es hier nicht darum geht, den Wolfsmann noch zusätzlich zurechtzustutzen oder ihn ganz anders zu präsentieren. Ich hatte sie gebeten, diesen Text, wenn möglich, zu lesen. Mich interessiert hier die Nachträglichkeit in Freuds Denken und in seiner theoretischen Praxis, das heißt in seiner Art, einen Fall wie diesen darzustellen; und dies ist in sich selbst schon ausreichend für unsere Erforschung der Nachträglichkeit, denn auch hier kann man unterschiedliche Aspekte erkennen. Die Nachträglichkeit, die zwischen 1914 und 1917 neu in Erscheinung tritt und zugleich zurückverweist auf etwas, das 20 Jahre vorher, in den Jahren 1895 bis 1900, stattgefunden hat. Auf einmal gibt es eine Nachträglichkeit in der Nachträglichkeit bei Freud: Ich meine damit die zentrale Diskussion in diesem Text über Realität und Phantasie, also über die »Realität« der Kindheitserinnerung; diese Diskussion findet vollständig in der Nachträglichkeit statt, denn erst durch die Intervention von Jung wird Freud dazu gebracht, seine eigenen Thesen neu zu diskutieren. Und schließlich gibt es eine andere Nachträglichkeit, die meiner Meinung nach eine Aporie dieser Freud'schen Nachträglichkeit darstellt, und einen Ausweg, den ich, Jean Laplanche, meinerseits für diese Aporie vorzuschlagen versuche. Mit anderen Worten ist die Frage: Was sucht Freud unablässig in diesem Text? Warum dreht er sich im Kreis, warum scheitert er oder greift eben zu dieser oder jener Notlösung oder setzt auf diesen oder jenen *Deus ex Machina* (wie etwa die Urphantasien)? Und schließlich, was zeichnet sich im Freud'schen Ringen um die Realität der Urszene zwischen den Zeilen ab, das seine Beharrlichkeit, aber zugleich auch sein Scheitern motiviert?

Drei einfache chronologische Orientierungspunkte

Da ich davon ausgehe, dass Sie den Text gelesen und relativ gut im Gedächtnis haben, begnüge ich mich mit einer, ich würde sagen, minimalen chronologischen Anordnung, die Sie am Ende des Textes in der Anmerkung von 1923 finden.[33] Ich werde sie nicht eigens vorlesen. Aus dieser minimalen chronologischen Anordnung berücksichtige ich meinerseits

33 [Freud, 1918b [1914], S. 157, A.1; siehe Appendix II; A.d.Ü.]

nur zwei oder drei Daten, einfach um die wesentlichen Etappen aufzuzeigen:

- mit anderthalb Jahren die »Urszene«, welche Realität man ihr auch immer zuschreibt
- mit vier Jahren, am Weihnachtstag oder in der Weihnachtsnacht (dem Geburtstag des Subjekts) der Traum, der berühmte Traum mit den Wölfen, die ursprüngliche Auslösesituation seiner infantilen Neurose, seiner Phobie
- schließlich 20 Jahre später, im Alter von 24 bis 28 Jahren, also von 1910 bis 1914, die Analyse mit Freud

Diese drei Orientierungspunkte sollten Sie im Kopf behalten. Welches auch immer unsere Philosophie der Zeit ist, sie kann sich nur auf einer Skala abzeichnen, der Skala der kosmologischen Zeit, die aus Tagen und Nächten und schließlich den Jahreszahlen besteht.

Nachträglichkeit des Lebens und Nachträglichkeit der Analyse

Zwischen den Daten I und II, zwischen anderthalb Jahren und vier Jahren gibt es eine ganze Reihe von Episoden, Szenen, in denen nicht so sehr die Eltern, sondern vielmehr andere sehr wichtige Personen eine Rolle spielen: Es sind dies einerseits die Schwester des »Wolfsmanns«, andererseits die Gouvernante Nania – sagen wir die Kinderfrau –, dann die englische Gouvernante und schließlich das Kindermädchen Gruscha. Und auch eine ganze Reihe von Szenen, in denen die Sexualität und ihre Bekämpfung eine Rolle spielen. Genau das deckt Freud im Leben des Wolfsmanns für die Zeitspanne zwischen anderthalb und vier Jahren auf. Ausbruch der infantilen Neurose ab dem vierten Lebensjahr. Zunächst ist es eine Phobie, eine Phobie vor Wölfen und allgemeiner vor Tieren, bald eine zunehmende Umwandlung der Phobie in eine Zwangsneurose, mit zwanghaften Abwehrmechanismen. Dann kommt der dritte Zeitpunkt, die Analyse. Es ist diese Einteilung in drei Zeitpunkte, die Freud unter dem Thema der *»Nachträglichkeit«** abhandelt. In der dazugehörigen Fußnote[34] weist er

34 »Der Aussage des Patienten tragen wir vielleicht am ehesten Rechnung, wenn wir annehmen, daß der Gegenstand seiner Beobachtung zuerst ein Koitus in normaler Stellung

darauf hin, dass es nicht nur eine einzige Nachträglichkeit in dieser Geschichte gibt (also zwischen anderthalb und vier Jahren), sondern eine zweite, einen zweiten Effekt von *»Nachträglichkeit«* *: wenn das Subjekt zwei Jahrzehnte später in der Analyse durch bewusste Denktätigkeit das begreifen kann, was damals mit ihm geschehen ist. Der erste Zeitpunkt ist eine Zeit des Verstehens und der Ausarbeitung der Szene – im Traum; der zweite Zeitpunkt, die Analyse, bringt all dies in Worte. Freud fügt hinzu, dass man diese zweite Nachträglichkeit letzten Endes vernachlässigen könne. Man könne, sagt er, den Abstand zwischen der zweiten und der dritten zeitlichen Phase vernachlässigen, weil das zweite *nachträglich** nur in Worte fasst, was der Traum schon verstanden hatte.

Dies ist bereits angemerkt worden. Ich bin jetzt nicht auf Lacans Text zurückgekommen, den ich zu Beginn dieser Vorlesung zitiert habe. Von ihm war das nämlich angemerkt worden. Bei Freud erdrückt insgesamt der erste Fall von Nachträglichkeit den zweiten; letztlich heißt das, dass Freud die Nachträglichkeit der Analyse als vernachlässigenswert ansieht. Gerechtfertigt wird dieser Standpunkt durch »die Objektivität« dessen, was durch die Analyse freigelegt wurde. Damit wird natürlich von Anfang an ein Großteil des Jung'schen Einwands aus der Welt geschafft, wonach alle während der Analyse gefundenen Kindheitsgeschichten in der Analyse erfunden, zurückphantasiert seien.

gewesen ist, der den Eindruck eines sadistischen Aktes erwecken muß. Erst nach diesem sei die Stellung gewechselt worden, so daß er Gelegenheit zu anderen Beobachtungen und Urteilen gewann. Allein diese Annahme ist nicht gesichert worden, scheint mir auch nicht unentbehrlich. Wir wollen über die abkürzende Darstellung des Textes die wirkliche Situation nicht außer Auge lassen, daß der Analysierte im Alter nach 25 Jahren Eindrücken und Regungen aus seinem vierten Jahr Worte verleiht, die er damals nicht gefunden hätte. Vernachlässigt man diese Bemerkung, so kann man es leicht komisch und unglaubwürdig finden, daß ein vierjähriges Kind solcher fachlicher Urteile und gelehrter Gedanken fähig sein sollte. Es ist dies einfach ein zweiter Fall von Nachträglichkeit. Das Kind empfängt mit 1½ Jahren einen Eindruck, auf den es nicht genügend reagieren kann, versteht ihn erst, wird von ihm ergriffen bei der Wiederbelebung des Eindrucks mit vier Jahren, und kann erst zwei Dezennien später in der Analyse mit bewußter Denktätigkeit erfassen, was damals in ihm vorgegangen. Der Analysierte setzt sich dann mit Recht über die drei Zeitphasen hinweg und setzt sein gegenwärtiges Ich in die längstvergangene Situation ein. Wir folgen ihm darin, denn bei korrekter Selbstbeobachtung und Deutung muß der Effekt so ausfallen, als ob man die Distanz zwischen der zweiten und der dritten Zeitphase vernachlässigen könnte. Auch haben wir kein anderes Mittel, die Vorgänge in der zweiten Phase zu beschreiben« (Freud, 1918b [1914], S. 72, A.1).

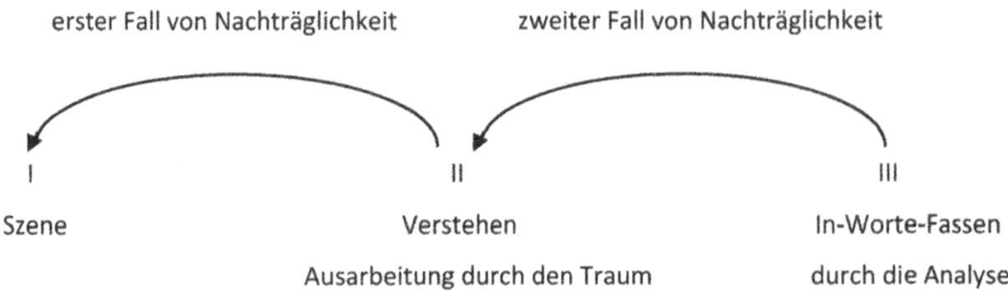

Abbildung 5

Zwischen Freud und Jung

Zwischen dem Jung'schen *Zurückphantasieren** und dem Freud'schen *nachträglich** entsteht eine Konkurrenz sowie eine Diskussion, der häufig schwer zu folgen ist: Tatsächlich will sich Freud vom Zurückphantasieren abgrenzen, aber seine Argumentation ist nicht immer auf der Höhe dieser Abgrenzung, denn er gibt manchmal selbst zu, dass gewisse Dinge tatsächlich zurückphantasiert sind, das heißt ganz einfach in einer späteren Zeit gebildet, »den aktuellen Erfordernissen entsprechend«, könnte man sagen. Denn wie könnte man die Jung'sche These besser zusammenfassen als in der folgenden Formulierung: Rekonstruktion einer eingebildeten Vergangenheit, die den Zwecken der Gegenwart dienlich ist?

Ich möchte kurz noch darauf eingehen, dass Freud behauptet, man könne den zweiten Fall von *»Nachträglichkeit«**, der von der Kur ausgeht, vernachlässigen. Der Hauptgrund ist, dass wir es im betreffenden Fall nicht nur mit Kindheitsszenen zu tun haben, deren Realität immer fragwürdig ist, sondern mit einer *infantilen Neurose*. Genau das kündigt der Titel an: »Aus der Geschichte einer infantilen Neurose«. Es handelt sich um die Analyse eines Erwachsenen, die nicht zu den kindlichen Ursprüngen seiner Erwachsenenneurose, sondern zu einer vorangehenden infantilen Neurose führt. Diese Neurose wird nicht nur durch das Subjekt, sondern auch durch die Familiengeschichte bezeugt. Wir wissen, dass der »Wolfsmann« ungefähr zwischen vier und zehn Jahren unter einer schweren Neurose litt, die ihn stark beeinträchtigte. Es gibt keinen Grund anzunehmen, dass diese Neurose »zurückphantasiert« worden sein könnte. Und es ist auch überhaupt nicht nachvollziehbar, warum er sie sich *a posteriori* hätte einbilden sollen. Wie viel das Argument auch wert sein mag, es wird häufig dazu verwendet, den zweiten Zeitraum zwischen vier Jahren und 24 Jahren einzuebnen, ihn zu teleskopieren; dadurch wird das Problem der *Nachträglichkeit in der Kur* beseitigt, ohne dass es Freud nach meiner Kenntnis je frontal angepackt hätte.

Rekonstruktion der Urszene

Nachdem Freud diese von ihm selbst aufgemachte Klammer geschlossen hat, wird die Bewegung der Nachträglichkeit ganz und gar zwischen den von mir so genannten Zeitpunkten I und II, angesiedelt: der Zeit zwischen anderthalb und vier Jahren. Der Zeitpunkt mit anderthalb Jahren wird Zeit der »Urszene« genannt, welche Fragen auch immer Freud von Zeit zu Zeit zur Realität dieser Szene stellt. Diese Szene der Beobachtung des elterlichen Koitus wird vollständig in der Analyse konstruiert. Sie wird nicht erinnert, zu keinem Zeitpunkt kehrt sie direkt als eine Erinnerung wieder, und das genau wird übrigens durch den Wolfsmann selbst in dem Interview bestätigt, das er Jahre später Karin Obholzer gegeben hat. Diese Idee der Konstruktion kündigt bereits den viel später geschriebenen Aufsatz mit dem Titel »Konstruktionen in der Analyse« an (Freud, 1937d). Nun, Freud wird aus einer realistischen Perspektive heraus mehrmals unterstreichen, dass das, was er Konstruktion nennt, realistisch gesehen de facto und de jure eine *Rekonstruktion* ist.

Wie wird die Urszene (re-)konstruiert? Sie wird vollständig ausgehend vom Traum rekonstruiert, diesem berühmten Traum von den Wölfen auf dem Baum, den der »Wolfsmann« selbst in einer Zeichnung festgehalten hat. Der Traumtext ist natürlich keine Konstruktion der Analyse. Er wird erzählt, und an diesen Text erinnert sich der »Wolfsmann« schon immer.

Wir haben also einen Traum, als er vier Jahre alt ist, genauer gesagt aus der Weihnachtsnacht, in der er vier Jahre alt war, den er Freud erzählt, und ausgehend von diesem Traum eine nachträgliche, also rückläufige [rétrograde] Konstruktion, die sich auf die Strecke von II zu I bezieht und ein Modell für eine analytische Konstruktion darstellt. Jedes der Elemente des Traums wird auf minutiöse Weise untersucht und vermutlich sogar ein wenig genauer, als es die Regel der »freien Assoziation« gebietet, denn häufig handelt es sich um gelenkte Assoziationen. Tatsächlich führt Freud eine systematische Ermittlung in Bezug auf die einzelnen Elemente der Traumerzählung durch; er untersucht eines nach dem anderen, und auf der

Grundlage dieser Assoziationen ergibt sich eine ganze Reihe von letzten Elementen, in denen sich häufig mehrere Assoziationsketten überschneiden; sie werden dem »Wolfsmann« schließlich zur Überprüfung vorgelegt.

Die Freud'sche Methode

Sie wissen, dass dieses Schema von sich überschneidenden Assoziationen lange vorher von Freud entworfen worden ist: Man findet es im Briefwechsel mit Fließ.

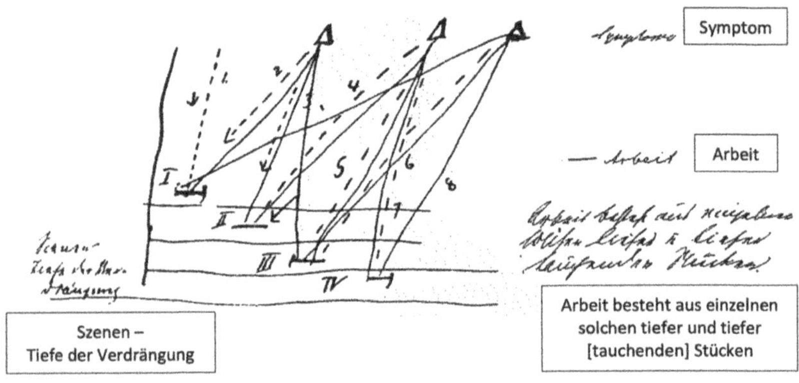

Abbildung 6[35]

Es handelt sich nicht um eine schematische Darstellung einer Wort-für-Wort-Übersetzung, wie bei einer allzu einfachen Wort-für-Wort-Lektüre, vielmehr kann jedes Element des manifesten Inhalts auf mehrere Ausdrücke des latenten Inhalts verweisen und umgekehrt. »Elemente« muss hier im weitesten Sinne verstanden werden: Es sind nicht nur Worte oder Gedanken, sondern auch stilistische Elemente, vorübergehende somatische Effekte und so weiter.

Von all diesen Elementen des Traums gehen somit Assoziationslinien aus, die sich in bestimmten Punkten überschneiden; Freud nennt sie »Knotenpunkte«. Indem man diese Überschneidungspunkte miteinander verbin-

35 [Dieses Schema aus Freud (1986, S. 263) wird in Laplanches Originaltext nicht abgedruckt; A. d. Ü. Beschriftung d. Ü.]

det, kommt man zum sogenannten latenten Inhalt, oder im vorliegenden Fall zum Inhalt der rekonstruierten Szene. Die Zusammenfassung dieses Schemas findet man in der Fußnote, in der Freud seine Synthese vorlegt. Er sagt:

> »Nachdem uns die Synthese dieses Traumes gelungen ist, will ich versuchen, die Beziehungen des manifesten Trauminhaltes zu den latenten Traumgedanken übersichtlich darzustellen« (Freud, 1918b [1914], S. 70, A.1).

Man kommt so zu einem latenten Inhalt, der nichts anderes ist als die Urszene mit all ihren Details.

All diese Details werden dem Patienten zur Überprüfung vorgelegt. Manchmal kann das eine historische Überprüfung sein, in dem Sinne, dass es Freud nichts ausmacht, den Wolfsmann zu bitten, in seiner Geschichte nach diesem oder jenem Element zu forschen. Aber grundsätzlich ist es schon allein deshalb keine historische und auch keine familiäre Überprüfung, weil die Familie inzwischen ziemlich weit weg ist. Entscheidend bei der Überprüfung sind für Freud die Folgen. Das heißt, dass jedes Element, das dem Patienten vorgelegt wird, daraufhin überprüft wird, ob es fruchtbar ist. Wenn es ins Leere läuft und nichts damit passiert, gilt es als nicht bestätigt. Wenn es dagegen Ausgangspunkt neuer Assoziationen ist, wenn es sich als fruchtbar erweist, sei es durch Assoziationen oder auf andere Weise, dann gilt es genau dadurch als gesichert. Genau das nennt Freud »Prüfung«, und genau das hat er zu diesem Thema immer behauptet, besonders im Text über die »Konstruktionen«, wo er sich mit dem möglichen Vorwurf auseinandersetzt: *Heads I win, tails you lose* (Freud, 1937d, S. 41). Freuds wahre Antwort ist: »Ich gewinne, wenn meine Deutung in weitere Entwicklungen mündet«. Die Fruchtbarkeit der Hypothese ist die einzige Bestätigung. Elemente, die sie stützen können, sind nicht nur sprachliche Assoziationen des »Wolfsmanns«, dass er weiteres Material liefert, wie man sagt, sondern manchmal auch das Auftreten vorübergehender Symptome. So bestätigen nach Freud die Verdauungssymptome in diesem Fall den ganzen analen, intestinalen Teil der Urszene. Im Gegenzug sagt uns Freud in etwa: »Zu einem bestimmten Zeitpunkt habe ich versucht, dem Wolfsmann nahezulegen, dass dieses Detail aus einer Kastrationsdrohung durch den Vater kommt. Ich habe dies angeregt, es ist ins Leere gelaufen. In diesem Fall habe ich nie die Bestätigung einer Kastrationsdrohung durch den Vater bekommen. Ich bin somit gezwungen anzunehmen, dass die Kastrationsdrohung anderswoher kam.«

Sie sehen, dass *es für Freud in der Analyse tatsächlich Neins gibt und nicht nur Jas*; es sind aber ganz besondere »Neins«. Es ist das Fehlen einer Reaktion und die Tatsache, dass sich keine einzige Assoziation einstellt.

Die ganze theoretische Debatte, zu der ich bald komme, kreist um die Art von Realität, die der Konstruktion der »Urszene« zuzuschreiben ist. Welcher Art ist ihre faktische Realität? Ist es eine Szene, die wirklich so stattgefunden hat, ist es reine Einbildung oder ist es etwas zwischen beidem? In Klammern sei aber unbedingt darauf hingewiesen, dass sich die Debatte zwar auf diese, natürlich zentrale, Szene konzentriert, dass jedoch von Freud durchaus noch andere Szenen ausfindig gemacht werden, die schließlich *erinnert* werden. Es ist dies vor allem die »Szene mit Gruscha«, dem Kindermädchen, das der Wolfsmann beim Putzen des Bodens mit herausgestrecktem Gesäß sieht – ein Anblick, der ihn erregt. Nun, diese Szene wird *als Folge der analytischen Arbeit* erinnert, woraus Freud folgendes Argument macht:

> »Aber ich kann es nicht verleugnen, daß die Szene mit Gruscha, die Rolle, die ihr in der Analyse zufiel, und die Wirkungen, die im Leben von ihr ausgingen, sich doch am ungezwungensten und vollständigsten erklären, wenn man die Urszene, die andere Male eine Phantasie sein mag, hier als Realität gelten läßt« (Freud, 1918b [1914], S. 130).

Wiederkehr der Traumatheorie

Bevor ich zur Debatte zwischen »faktischer Realität« und »Einbildung« komme, möchte ich hervorheben, dass in diesem Text nach einer Latenz von fünfzehn bis zwanzig Jahren (nachträglich) zwei zentrale Ausdrücke bei Freud wieder auftauchen: »Trauma« und »Verführung«. Ich habe schon gesagt, dass der Wolfsmann in einem Nachträglichkeitsverhältnis zur Periode von 1895 steht. Freud sagt es explizit. Ich zitiere:

> »Die alte Traumatheorie, die ja auf Eindrücke aus der psychoanalytischen Therapie aufgebaut war, kam mit einem Male wieder zur Geltung« (Freud, 1918b [1914], S. 128).

Nach einer gewissen Zeit, in der die Frage des Traumas vollkommen in Vergessenheit geraten, ja sogar aufgegeben worden war und widerlegt zu sein schien, ist sie mit einem Mal wieder voll gültig.

Der Traum als Zeit des Traumas …

Das ist ein wahrer Neubeginn für Freud. Diese Traumatheorie, das möchte ich betonen, ist nun wirklich nicht irgendetwas. Ich habe es schon oft gesagt und wiederhole es: Diese Theorie besagt nicht, dass die Neurosen auf bedeutsame und zugleich schockierende Ereignisse zurückzuführen sind. Das ist nicht die Freud'sche Theorie des Traumas: sondern dass das Trauma immer zwei Zeitpunkte benötigt, um zu existieren. Es gibt kein Trauma ohne zwei Zeitpunkte. Kein Ereignis ist für sich allein genommen psychisch traumatisierend, es ist entweder das Echo eines anderen Ereignisses oder braucht selbst sein Echo in einem anderen Ereignis. Sie sehen, dass *die alte Traumatheorie nicht von der Nachträglichkeit getrennt werden kann.* Das Trauma lässt sich in keinem der beiden Zeitpunkte verorten (zwei Zeitpunkte heißt nicht, dass es nicht noch einen gibt, aber man braucht *zumindest* zwei Zeitpunkte). Es entsteht als solches erst mit dem zweiten Zeitpunkt. Worin besteht also das Trauma beim kleinen »Wolfsmann«? Der zweite Zeitpunkt, der das Trauma als solches herstellt, ist kein Ereignis, sagt uns Freud, es ist ein Traum. Das ist nun wirklich außergewöhnlich. Hier taucht also die Traumatheorie wieder auf, allerdings ist der Zeitpunkt des Traumas nichts Äußeres, sondern ein Traum, der durch die Weihnachtsnacht motiviert ist, und das Warten auf die Geschenke, den Baum und so weiter. Und dieses Trauma ist so bedeutsam, dass mit ihm allein das Auftreten der infantilen Neurose, der Phobie eingeleitet wird. Vor dem Traum gibt es anfangs diese ganze sexuelle Anomalie, die Freud unter der Rubrik, sagen wir »pervers«, im Wesentlichen sadomasochistisch, einordnet, aber plötzlich mit vier Jahren, nach diesem Traum, tritt die Neurose auf.

Nehmen Sie die Passage am Ende von Kapitel III, die zum folgenden Kapitel IV mit der Überschrift »Der Traum und die Urszene« überleitet:

> »Der Zeitpunkt dieser Wandlung läßt sich mit Sicherheit angeben, es war knapp vor dem vierten Geburtstag. Die Kinderzeit, mit der wir uns beschäftigen wollten, zerlegt sich dank diesem Anhaltspunkte in zwei Phasen, eine erste der Schlimmheit und Perversität von der Verführung mit 3¼ Jahren bis zum vierten Geburtstag, und eine längere darauffolgende, in der die Zeichen der Neurose vorherrschen« (Freud, 1918b [1914], S. 53).

Diese Passage folgt einem Schema, das Freud bereits festgelegt hatte: Ihm zufolge ist »die Neurose […] das Negativ der Perversion« (Freud, 1905d, S. 65). Der Wolfsmann würde also in der Folge eines einschneidenden Ereignisses an seinem vierten Geburtstag die Perversion durch eine Neurose eintauschen. Und Freud schlussfolgert:

> »Der Vorfall aber, der diese Scheidung gestattet, war kein äußeres Trauma, sondern ein Traum, aus dem er mit Angst erwachte« (Freud, 1918b [1914], S. 53).

Ich möchte nachdrücklich darauf hinweisen, dass dieser Traum als ein »Trauma« bezeichnet wird oder, um es genauer zu sagen, als der zweite Zeitpunkt, der das Trauma erst schafft.

... wenn nicht sogar der Verführung

Ich greife nun eine andere Passage auf, mit demselben Inhalt, allerdings taucht hier ein anderer Ausdruck auf:

> »Wir haben die Schilderung bis in die Nähe des vierten Geburtstages geführt, zu welchem Zeitpunkt der Traum die Koitusbeobachtung von 1½ Jahren zur nachträglichen Wirkung bringt. Die Vorgänge, die sich nun abspielen, können wir weder vollständig erfassen, noch sie hinreichend beschreiben. Die Aktivierung des Bildes, das nun dank der vorgeschrittenen intellektuellen Entwicklung verstanden werden kann, wirkt wie ein frisches Ereignis, aber auch wie ein neues Trauma, ein fremder Eingriff analog der Verführung« (Freud, 1918b [1914], S. 144).

Die Aktivierung durch den Traum – es geht um die Aktivierung des Bildes im Traum, dieses alten Bildes, das sich mit anderthalb Jahren eingeschrieben hat und das nun langsam verstanden wird, eben durch den Traum langsam verstanden wird – diese Aktivierung im Traum vergleicht Freud sowohl (wie gerade eben) mit einem Trauma als auch mit einem fremden Eingriff, analog einer Verführung. Aber dass der Traum einem fremden Eingriff entspricht ..., wo er doch von innen kommt! Man kann auch sagen, dass dieser Traum ein »nachträgliches Verständnis der Szene« oder eine »Ausarbeitung der Szene« bewirkt.[36] So zu denken, führt meiner Ansicht

36 »Ich meine, er verstand ihn zur Zeit des Traumes mit 4 Jahren, nicht zur Zeit der Beobachtung. Mit 1½ Jahren holte er sich die Eindrücke, deren nachträgliches Verständnis

nach zu der Erkenntnis, dass nur das psychisch traumatisierend ist (und dafür bildet der Wolfstraum das Paradigma), was von innen kommt.

Freud spricht also wieder ausdrücklich und ausgiebig von »Trauma« in diesem Text; genauso wie von »Verführung«, einem Begriff, der, wie Sie wissen, eine ganze Zeit lang in einer Reihe von Texten missbilligt wurde, gerade zu der Zeit, in der es um die sogenannte »Aufgabe der Verführungstheorie« ging, und noch lange danach. Hier nun wird der Ausdruck *Verführung* als verursachender Faktor keineswegs entwertet und kehrt von unterschiedlichen Seiten zurück. Zunächst gibt es ein ganzes Kapitel mit dem Titel »Die Verführung und ihre nächsten Folgen« [Kapitel III; A. d. Ü.]. Die Verführung und ihre nächsten Folgen beschränkt Freud weder auf den Zeitpunkt von anderthalb Jahren noch von vier Jahren, sondern auf die ganze Zwischenzeit, besonders auf dieses Datum von drei Jahren und drei Monaten, auf die er die Verführung durch die Schwester datiert. Hier geht es um eine Verführung durch ein anderes Kind, das sagt: »Lass uns gegenseitig unseren Popo zeigen!« Freud geht nicht so weit wie früher, als er, immer wenn er auf eine Verführung durch ein anderes Kind traf, dahinter eine frühere Verführung dieses anderen Kindes durch einen Erwachsenen vermutete. Nun stellt er sich nicht die Aufgabe, eine Analyse der Schwester des »Wolfsmannes« durchzuführen, er beschränkt sich einfach auf diese Verführung durch die Schwester, der er ein ganzes Kapitel widmet.

Es gibt in diesem Fall zahlreiche Eingriffe durch wirkliche Verführungen, neben der durch die Schwester. Aber ich möchte zum zentralen Punkt zurückkommen, von dem ich eben schon gesprochen habe: Der Traum selbst als »ein fremder Eingriff analog der Verführung« (Freud, 1918b [1914], S. 144). Darüber haben wir nachzudenken, und zwar besonders in Bezug auf die Bedeutung des Wortes »Verführung« in dieser Formulierung, jenseits der rein faktischen Deutungen des Ausdrucks. Letztendlich ist es der Traum in seiner Beziehung zur Urszene, der das alte Schema der Verführungstheorie herstellt. Nur mit dem Unterschied, dass Freud nicht so weit geht zu sagen, dass *die Urszene selbst*, das heißt der Anblick des elterlichen Koitus, bereits mit einer Verführung gleichzusetzen ist. Mit anderen Worten, während die Verführung zur Zeit der Verführungstheorie sozusagen die Grundstruktur war, die Basisstruktur, die alle anderen Struk-

ihm zur Zeit des Traumes durch seine Entwicklung, seine sexuelle Erregung und seine Sexualforschung ermöglicht wurde« (Freud, 1918b [1914], S. 64, A.4).

turen bestimmte, reduziert Freud sie jetzt auf eine Struktur unter anderen. Anders gesagt, er stellt und ordnet die Verführung neben andere archetypische Szenarien ein, die er »Urphantasien« nennen wird. Hier ist wichtig, dass die Verführung nicht mehr die allgemeine Struktur jeder Beziehung zwischen Kind und Erwachsenem darstellt, sondern eine Struktur unter anderen ist. Dies ist meiner Meinung nach offenkundig eine Regression in Freuds Denken, eine Regression, die mit der Tatsache zusammenhängt, dass er nicht das *entscheidende* Element[37] erfasst, das eine Szene zu einer Verführungsszene macht.

Für heute werde ich hier schließen. Das nächste Mal werde ich dieses berühmte Verhältnis »Phantasie *versus* Realität« untersuchen, dem Freud, wie ich schon sagte, hinterherrennt, und viele andere nach ihm auch. Ich werde diesem Verhältnis »Phantasie und Realität« nicht hinterherrennen. Vielmehr werde ich versuchen zu sagen, warum man es mit der Einführung eines dritten Terminus, der bei Freud leider fehlt, relativieren muss.

*

Fragen und Antworten

Frage aus dem Publikum
Ist das Trauma immer an die Nachträglichkeit gebunden, nach dem, was Freud dazu sagt?

Antwort
Ich denke, dass das psychische Trauma immer an die Nachträglichkeit gebunden ist. Man kann sagen, dass dies sogar offensichtlich ist, wenn man die sogenannten Traumata der »Traumatisierten« betrachtet. Also die Traumata nach einem großen Erdbeben oder nach einem Unfall. Die Traumata der Traumatisierten werden nur insofern *psychische* Traumata, als in ihnen die frühe Kindheitszeit widerhallt. Genau auf diesem Weg der Nachträglichkeit und der Symbolisierung kann man übrigens ihre Metabolisierung versuchen: Es gilt, diese Spur in den kindlichen Erlebnissen wiederzufinden, und sei sie auch noch so winzig.

37 Vgl. meinen Artikel »Ausgehend von der anthropologischen Grundsituation« in Laplanche (2017a [2007], S. 89–100).

Frage aus dem Publikum
Da gibt es letztlich etwas sehr Modernes. Bei der erneuten Lektüre des Textes habe ich mir die Frage gestellt, ob man das, was Freud anderswo zur Ausarbeitung des Traums oder einer anderen Form der Konstruktion sagt, nicht mit der Wichtigkeit der Verführung und der Wichtigkeit des Rätsels in Beziehung setzen muss?

In diesem Fall geben die Ausführungen, schon in ihrer Darstellungsweise, dem Analytiker ein Rätsel auf.

Antwort
Worauf ich vielleicht nächstes Mal zurückkommen werde; da stehen, wie ich schon in meinen Ausführungen zum »Wolfsmann« angedeutet habe, zwei Modelle in Konkurrenz zueinander: das Modell, das ich »Puzzle« nenne und das Modell des Rätsels. Das »Puzzle«-Modell folgt der Illusion, dass Vollständigkeit möglich ist, das heißt, dass die Wahrheit der Wahrheit, wie man sagen könnte, eines Tages gefunden werden kann. Und in dieser beinahe kriminalistischen Untersuchung Freuds gibt es etwas davon, das heißt: »Wenn man das letzte Glied gefunden hat, muss man nur noch zur Anklage schreiten und die Beschuldigten auf die Anklagebank setzen.« Dann hat man alles dafür Notwendige. Man hat das letzte Glied und das passiert auf der Ebene des Puzzles. Solange Freud nicht alle Glieder der Urszene in Händen hält, ist er nicht zufrieden. Das Puzzle ist eine Struktur. Meiner Meinung nach funktioniert die Struktur des Rätsels grundlegend anders; und genau das ist es, was fehlt. Wenn Sie so wollen, ist es die Konkurrenz zwischen einer »Puzzle-Haltung« und einer »Rätsel-Haltung«, die Freud fehlt.

Frage aus dem Publikum
Ich frage mich aber, ob die Puzzle-Struktur nicht eine verborgene, verkleidete Form der Rätselstruktur ist.

Antwort
Ich denke, ja. Sagen wir, es ist die Art und Weise, wie sich diese Rätselstruktur bei Freud verbirgt. Meiner Meinung nach ist das »Rätsel«* immer an eine Frage gebunden. Das Puzzle ist etwas sehr viel Geschlosseneres. Freud hat eine Haltung, die man, ohne abfällig zu sein, objektivierend nennen könnte, eine radikal wissenschaftliche Haltung; man kann ihm das nicht vorwerfen. Die Vorstellung, dass etwas bedingt durch seine eigene Struktur nicht gelöst werden kann, kann er kaum ertragen.

Frage aus dem Publikum
Gleichzeitig verweist die Tatsache, dass er den Traum als etwas präsentiert, das einbricht und das traumatisierend wirken kann, auf das Rätsel.

Antwort
Das verweist auf das Rätsel. Ich bin absolut Ihrer Meinung. Betonen wir aber, dass wir hier nicht »Freud analysieren«, sondern dass wir versuchen, die Gründe zu analysieren, warum Freud nicht weiterkommt, vor allem in Bezug auf das Problem Einbildung [imagination] *versus* Realität, das für jedermann ein Problem sein wird und es auch immer noch ist, besonders wenn man sich auf jemanden wie Viderman bezieht. Immer wird das Problem sein: »Ist es real, oder ist es nicht real?« Doch manchmal geht Freud darüber hinweg und sagt: »Letztendlich es ist nicht so wichtig, ob es real ist oder nicht, ich analysiere es trotzdem.« Aber der Gedanke, dass es eine noch andere Kategorie als die des Imaginären und des Realen gibt, ohne deswegen unter das Symbolische im Lacan'schen Sinne zu fallen, der Gedanke, dass es zu dieser Opposition einen dritten Terminus gibt, kommt ihm nie.

Gut, ich danke Ihnen.

6. Februar 1990

Diese Arbeit zum »Wolfsmann« ist selbst, wie ich schon angedeutet habe, in der Nachträglichkeit zu situieren. Man hat den Eindruck, dass das Konzept von Freud neu ausgearbeitet wird, zugleich aber wird hier nur noch deutlicher eine Grenze oder eine Lücke in Freuds Denken erkennbar. Genau diese Lücke lässt Freud, wie ich es ein wenig umgangssprachlich ausgedrückt habe, unbefriedigenden Lösungen »hinterherrennen«.

Die Frage der Verführung bleibt unbearbeitet

Beim letzten Mal habe ich auf das hingewiesen, was in diesem Text wieder neu in Erscheinung tritt: die Traumatheorie – »die alte Traumatheorie«, die plötzlich »wieder zur Geltung kommt« – und die Verführung, die hier mit aller Macht zurückkehrt – allerdings an einer Stelle, an der man sie *a priori* nicht erwartet hätte –, sie findet im Traum statt, von dem gesagt wird, dass er wie eine »Verführung« wirkt. Zwar findet man die Verführung auch noch in der Beziehung mit der Schwester, ohne allerdings – und dies scheint mir wesentlich zu sein – auf der Ebene der Urszene selbst genannt zu werden, das heißt in der Szene, in der der elterliche Koitus beobachtet wird. Kurzum, in dieser Szene, die im Zentrum der Fragen zum Wolfsmann steht, wird die Verführung nicht gesehen. Die Verführung wird in diesem Text als eine faktische, quasi gestische verstanden, zumindest im Kapitel zur Verführung durch die Schwester. Es gibt »Verführungsszenen« – dabei ist es übrigens egal, ob sie real oder eingebildet sind –, also Szenen, deren Inhalt eine Verführung impliziert, neben anderen Szenen, in denen der elterliche Koitus beobachtet wird und die ihrerseits real oder eingebildet sind. Aber was fehlt – und dies möchte ich unterstreichen –, ist die Idee, dass *das Beobachten des elterlichen Koitus selbst* ein Element der Verführung, einen Kern bzw. die Struktur einer Verführung beinhalten könnte. Dieses Element, auf dessen Fehlen ich hier hinweise, ist das, was ich »Urverführung« nenne, um die Sache voranzutreiben und dafür einen Ausdruck in Erinnerung zu rufen; es ist die Gegenwart einer rätselhaften Botschaft oder eines rätselhaften Signifikanten.

Das »Zurückphantasieren«

Nun, die Ausdrücke *»nachträglich«** oder *»Nachträglichkeit«** finden sich überall in diesem Text. Sie kommen mindestens ein Dutzend Mal vor, und man findet auch diese doppelte Bewegung, auf die man zwangsläufig bei diesem Konzept mit den zwei Gesichtern stößt, diesem janusköpfigen Begriff, wie Mahony sagt, diesem zweistirnigen Dämon »Bifrons« mit seiner doppelten Bewegung »Vergangenes – Gegenwärtiges« und »Gegenwärtiges – Vergangenes«. Nun tritt die Nachträglichkeit in der Bewegung vom Gegenwärtigen zum Vergangenen, in der das Vergangene neu aufgenommen oder auch neu interpretiert wird, in eine gefährliche Konkurrenz zu jenem Begriff, an dem Freud sich immer wieder reibt, dem *»Zurückphantasieren«**. Ob es sein eigener oder nur ein übernommener Begriff ist, ist hierfür irrelevant – ich könnte nicht sagen, wer zuerst von »Zurückphantasieren« gesprochen hat, Freud oder Jung. Jedenfalls ist dies ein Begriff, der perfekt zu Jung passt, auch wenn er ebenso bei Freud vorkommt. Und das sagt er auch (es ist ein Element der Polemik, allerdings eher ein zweitrangiges): Sie sprechen von »Zurückphantasieren«, ich aber auch, und somit können Sie hier keine Originalität beanspruchen; nur ist »Zurückphantasieren« nicht alles, was ich in Bezug auf diese Frage denke.

»Zurückphantasieren« bedeutet, eine eingebildete, schöngefärbte Vergangenheit zu konstruieren, fabriziert von den Erfordernissen der Gegenwart aus. Das Beispiel, das Freud verschiedentlich anführt, ist Titus Livius, der die Geschichte des alten Roms, von den Anfängen bis zur Königszeit beschönigend umschreibt. Im Folgenden zitiere ich eine wirklich interessante Passage, ein Beispiel aus Freuds *Selbstdarstellung**, also einem Text, in dem er sich selbst beschreibt:

> »Mein Irrtum [Sie werden gleich sehen, um welchen Irrtum es geht; J. L.] war also der nämliche gewesen, wie wenn jemand die Sagengeschichte der römischen Königszeit nach der Erzählung des Livius für historische Wahrheit nehmen würde, anstatt für das, was sie ist, eine Reaktionsbildung gegen die Erinnerung armseliger, wahrscheinlich nicht immer rühmlicher Zeiten und Verhältnisse« (Freud, 1925d [1924], S. 60).

Das Pikante ist, dass sich Freud ausgerechnet in einer Passage zur Aufgabe der Verführungstheorie dazu verleiten lässt, gleichsam um darüber hinwegzukommen, ein »Zurückphantasieren« zu beschwören.

Man könnte sagen, dass Freud in diesem Text auf gefährliche Weise mit dem »Zurückphantasieren« spielt, das er doch, sobald es im Zentrum der Argumentation steht, unaufhörlich kritisiert; denn alles in allem entwirft auch er – und er sagt es auch – eine rückwärtsgerichtete Konstruktion [une construction rétroactive]. Diese ganze Analyse des Wolfsmannes ist sehr wohl ein *»zurückkonstruieren«**, oder wenn Sie diesen Ausdruck akzeptieren, eine Retro-Konstruktion, eine rückwärtsgerichtete Konstruktion, und die Urszene stellt eine Konstruktion nach hinten dar. Denn, worauf ich in der letzten Stunde schon hingewiesen habe: Diese Szene wird nie aus dem Gedächtnis des Wolfsmannes zurückgeholt, nie wirklich erinnert, sondern, wie man sagen könnte, Stück für Stück aufgebaut.

Lücke und Puzzle

Wie ist die rückwärtsgerichtete Konstruktion der Szene des Wolfsmannes von der Konstruktion à la Livius zu unterscheiden? Man muss dazu bestimmte Elemente hervorheben, eines der wichtigsten ist, dass Freud die Rekonstruktion minutiös, *streng methodisch*, Schritt für Schritt vollzieht. Diese Konstruktion hat nichts mit Schönfärberei zu tun, mit einem grob umrissenen und zugleich aufgehübschten Bild, wie das für Livius' Arbeit gelten mag. Freud leistet etwas ganz anderes, nämlich eine methodische archäologische Arbeit, in der jedes Element der Konstruktion mit den anderen verflochten ist, so dass sich am Ende zahlreiche Assoziationsreihen überkreuzen. Und hier muss man betonen, wie sehr Freud immer darauf bestanden hat, dass die Psychoanalyse vor allem anderen, also vor einer Behandlung, vor einer Theorie eine Methode ist. Diese Untersuchungsmethode, auf die ich beim letzten Mal angespielt habe, einerseits ein Lösungs- und andererseits ein Prüfungsverfahren, führt mich dazu, zwei Ausdrücke einzuführen, die im Folgenden mit dem Vorangegangenen auszubalancieren sind. Diese zwei Ausdrücke sind: »lückenhaft« und »Puzzle«. Das Lückenhafte entspricht nach Freud – und das ist manchmal sogar Teil seiner Definition des Unbewussten – demjenigen, was in einen Kontext eingebaut werden muss, damit es nicht länger *»lückenhaft«** ist. Das Lückenhafte besteht darin, dass sich eine Geschichte, ein Traum, eine Symptomatologie nicht durch sich selbst erklären, sondern dass sie Löcher enthalten, die zu stopfen sind. Und alle Elemente eines Traums zum Beispiel – schließlich gehen wir ja in der Rekonstruktion der Urszene von einem Traum aus – sind lückenhaft für Freud, das heißt, dass sie ihre konkrete Erklärung von anderswoher beziehen müssen, dass ein Element, oder auch mehrere Elemente, hinzugezogen werden müssen, um sie zu vervollständigen.

Ich wähle unter vielen anderen zwei Beispiele aus, die zu lösen sich Freud als Aufgabe stellt. Warum sind die Wölfe im Traum weiß? Ich möchte nicht wiederholen, warum, lesen Sie es im Buch, die Wölfe sind aus diesem oder jenem Grund weiß, und solange man nicht erklären kann, warum, hat man den Traum nicht vollständig gelöst. Genauso interessant ist es, dass diese Lücke in der Traumerzählung als ein einfaches Zögern dargestellt werden kann. Zum Beispiel sagt der Wolfsmann: »Es waren sechs oder sieben Wölfe, ich bin mir nicht sicher.« Nun ja, ich erinnere daran, dass Freud in das, was zu erklären ist, was also zweifelhaft oder lückenhaft ist, nicht nur den Traum, sondern auch das, was der Träumer darüber sagt, miteinschließt, sogar eine Äußerung über den Traum, und wie hier, eine zögerliche Äußerung. Der Analytiker darf nicht denken: »Es ist vielleicht das eine oder es ist das andere, er erinnert sich schlecht an seinen Traum«; die Äußerung »sechs oder sieben« selbst muss erklärt werden. Wenn in einem Traum jemand sagt: »Dieser Teil des Traums ist ungenau oder dieser Teil des Traums ist neblig«, dann kann es sein, dass nicht auf die Unsicherheit der Traumerinnerung verwiesen wird, sondern auf ein Inhaltselement des Traums, zum Beispiel die Tatsache, dass ein Ereignis im Nebel stattgefunden hat.

Der zweite Ausdruck, den ich einführen will und der mit dieser Freud'schen Methode des Lückenhaften verbunden ist, ist der des Puzzles. Das »Puzzle« ist eine Metapher, die Freud nicht sehr häufig ausarbeitet. Er tut es aber in einem frühen Text, mitten in der Verführungstheorie, als er gerade auf der Jagd nach der Erinnerung war, der Jagd nach der Szene. Im Aufsatz »Zur Ätiologie der Hysterie« finden Sie eine Passage über das Puzzle, die ich Ihnen kurz vorlesen möchte, wobei wir, was im Deutschen *Zusammenlegbild* heißt, ins Französische mit »Puzzle« (also einem englischen Äquivalent) übersetzt haben:

> »Verstärken solche Vorkommnisse den Eindruck, daß die Kranken wirklich erlebt haben müssen, was sie unter dem Zwang der Analyse als Szene aus der Kindheit reproduzieren, so entspringt ein anderer und mächtigerer Beweis hierfür aus der Beziehung der Infantilszenen zum Inhalt der ganzen übrigen Krankengeschichte [Ich betone diese Beziehung eines Elements zum Ganzen;

> J. L.]. Wie bei den Zusammenlegbildern der Kinder sich nach mancherlei Probieren schließlich eine absolute Sicherheit herausstellt, welches Stück in die freigelassene Lücke gehört – weil nur dieses eine gleichzeitig das Bild ergänzt und sich mit seinen unregelmäßigen Zacken zwischen die Zacken der anderen so einpassen läßt, daß kein freier Raum bleibt und kein Übereinanderschieben notwendig wird, – so erweisen sich die Infantilszenen inhaltlich als unabweisbare Ergänzungen für das assoziative und logische Gefüge der Neurose, nach deren Einfügung erst der Hergang verständlich – man möchte oftmals sagen: selbstverständlich – wird« (Freud, 1896c, S. 441f.).

Dieser Satz zeugt von der wirklich außergewöhnlichen Rhetorik Freuds. Man spricht oft von Freuds Stil, hier gibt es einen sehr schönen, sehr verschachtelten Stil. Da ist so ein Entzücken bei Freud, als er ein Puzzleteil findet und bemerkt, dass dieses Teil in zweifacher Weise zum Ganzen passen muss: Einerseits muss es sich mit seinen Zacken ganz genau in das Loch einfügen, seine Zacken müssen ganz genau zu denen der anderen passen; und andererseits ergänzt das, was es darstellt, das vorgegebene Bild. Im Puzzelteil gibt es somit diese außergewöhnliche Erfahrung des plötzlichen »Ah, hier ist ja der Kamin des Hauses!« und gleichzeitig ist es ein Teil, das sich genau dort hinlegen lässt, wohin kein anderes passt.

Bei dieser Erfahrung, in die Freuds Suche mündet, muss am Ende jede Lücke ergänzt worden sein; und diese Art von Forschung, auf die er sich schon in den Texten von 1895 bis 1897 beruft, ist genau dieselbe Suchbewegung, die man auch im »Wolfsmann« findet, denn kein einziges Detail des Traums darf ohne Erklärung bleiben.

Im »Wolfsmann« haben wir diese schrittweise Rekonstruktion einer »Urszene«, die bis in ihre kleinsten Details zusammengesetzt wird; dies allein lässt uns schon an etwas anderes denken als an ein *»Zurückphantasieren«**, das eher einem Bild mit groben Zügen entspräche, in dem, fast man könnte sagen, eine nullachtfünfzehn Vergangenheit zurechtgezimmert wird, ohne jeden methodischen Anspruch.

Freuds plötzlicher Zweifel und eine neue zusammengesetzte Hypothese

Aber kaum ist diese Szene rekonstruiert und in ihren kleinsten Details dargestellt worden (ich verweise noch einmal auf die berühmte Anmerkung, in der all dies resümiert wird (Freud, 1918b [1914], S. 70f., A.1), erscheinen unvermittelt zwei Zusätze von 1917, in denen Freud plötzlich den Realitätsgehalt von all dem aufzugeben scheint. Was wirklich interessant ist, ist aber, dass er, auch wenn er die Realität wesentlicher Elemente der Urszene aufzugeben scheint, deshalb noch lange nicht seinen Gedankengang aufgibt und er sich auch nicht weiter dem »Zurückphantasieren« annähert.

Leider kann ich Ihnen nur ein kleines Fragment aus der ersten Passage vorlesen. Nachdem er gesagt hat: »Ich bin sicher, dass diese Szene sich mit anderthalb Jahren abgespielt hat und zwar auf diese und jene Weise«, fügt er Folgendes hinzu:

> »Es ist doch noch eine andere Auffassung der dem Traume zugrunde liegenden Urszene möglich, welche die vorhin getroffene Entscheidung um ein gutes Stück ablenkt und uns mancher Schwierigkeiten überhebt. Die Lehre, welche die Infantilszenen zu regressiven Symbolen herabdrücken will, wird zwar auch bei dieser Modifikation nichts gewinnen; sie scheint mir überhaupt durch diese – wie durch jede andere – Analyse einer Kinderneurose endgültig erledigt« (Freud, 1918b [1914], S. 86).

Also: Ich werde Ihnen eine andere Möglichkeit als die Realität der Urszene, so wie ich sie mühsam rekonstruiert habe, vorschlagen. Dennoch wird die Lehre der regressiven Symbole, das heißt die Lehre Jungs, dabei absolut nichts gewinnen. Und hier können Sie lesen, wie er die Hypothese entfaltet:

> »Ich meine nämlich, man kann sich den Sachverhalt auch in folgender Art zurechtlegen. Auf die Annahme, daß das Kind einen Koitus beobachtet, durch dessen Anblick es die Überzeugung gewonnen, daß die Kastration mehr sein könne als eine leere Drohung, können wir nicht verzichten; auch läßt uns die Bedeutung, welche späterhin den Stellungen von Mann und Weib für die Angstentwicklung und als Liebesbedingung zukommt, keine andere Wahl, als zu schließen, es müsse ein *coitus a tergo, more ferarum*, gewesen sein« (ebd., S. 87).

Bestimmte Elemente darf man also auf keinen Fall aufgeben: die Beobachtung eines Koitus und die Beobachtung eines Koitus in der Stellung »a tergo« (von hinten). Aufgeben kann man aber, sagt er, dass es ein Koitus seiner Eltern war: Es kann sehr gut ein Koitus von Tieren gewesen sein;

dies wird einerseits durch die Tatsache gestützt, dass die Wölfe des Traums Hunden sehr ähnlich sind, und andererseits dadurch, dass der kleine Junge mehrmals vom Vater zu Schafherden mitgenommen worden war, wo er tatsächlich Schäferhunde gesehen hat, so dass man sich vorstellen kann, dass er sie beim Koitus beobachtet haben konnte. Es ist eine außergewöhnliche Abänderung, die Freud hier einführt, einfach so, ohne einen anderen Grund anzugeben als eine Art von Rückzugsmanöver in Bezug auf diese Frage nach der »Realität«, und doch hält er am Wesentlichen fest: Die Urszene setze sich diesmal aus zwei Elementen zusammen: Beobachtung eines Hundekoitus kurz vor vier Jahren, denn der Traum findet im Alter von vier Jahren statt; und mit anderthalb Jahren, weil es, wie er sagt, notwendigerweise etwas mit anderthalb Jahren gegeben haben muss, hat der Wolfsmann vermutlich seine Eltern in einer bestimmten Situation gesehen, in der sie sich einander angenähert haben, aber vielleicht ganz harmlos oder zärtlich und nicht sexuell.

In diesem Kontext wird der Ausdruck »*Nachträglichkeit*«* als solcher ein- von insgesamt zweimal verwendet.

> »Es ist sofort ersichtlich, um wieviel das Maß der uns zugemuteten Glaubensleistung erleichtert wird. Wir brauchen nicht mehr anzunehmen, daß die Eltern den Koitus in Gegenwart des, wenn auch sehr jugendlichen, Kindes vollzogen haben, was für viele von uns eine unliebsame Vorstellung ist. Der Betrag der Nachträglichkeit wird sehr herabgesetzt« (Freud, 1918b [1914], S. 88).

Der *Betrag der Nachträglichkeit** ist ein interessanter Ausdruck. Wenn er Begriffe schmiedet, ist Freud häufig versucht, ihnen eine quantitative, »ökonomische« Bedeutung zu geben; doch hier hat der »Betrag der Nachträglichkeit« keine ökonomische, sondern eine zeitliche Bedeutung: Die Dauer zwischen den zwei Zeitpunkten der Nachträglichkeit ist kürzer, also wahrscheinlicher.

Halten wir also fest, und Freud unterstreicht dies selbst, dass das Bemühen um Genauigkeit und die Notwendigkeit, alles im Detail zu erklären, das Puzzle also zu vervollständigen, bei dieser nun *zusammengesetzten* Auffassung von der Urszene nicht weniger geworden sind.

Nach diesem Zugeständnis, das Jung hinsichtlich der Realität der zwischen den Eltern beobachteten sexuellen Szene immerhin gemacht wird, und also nach dieser scheinbaren Annäherung an das »Zurückphantasieren« müssen wir nun gezwungenermaßen eine Diskussion verfolgen, die sehr schwer nachvollziehbar ist. Man muss sie mehrmals lesen, denn der Gedankengang bewegt sich in zwei Richtungen.

Zwei neue Diskussionsrichtungen …

Die *erste Richtung* besteht darin, trotz allem der tatsächlichen Beobachtung eines elterlichen Koitus in diesem Fall den Vorrang zu geben, gleichzeitig aber einzugestehen, dass eine solche Beobachtung vielleicht nicht immer stattfindet. Immerhin gibt es hier zu viele überzeugende Argumente, von denen ich nur das folgende erwähne. Im zweiten Zusatz von 1917 führt Freud als Beleg diese ganz andere Szene an, auf die ich bereits hingewiesen habe: die Szene, die »Mit Gruscha« heißt, in der der Wolfsmann das kleine Kindermädchen beim Putzen des Bodens mit herausgestrecktem Hintern beobachtet. Diese Szene mit Gruscha, die er, wie er sagt, ohne jeden Zweifel wirklich von einer direkten Beobachtung aus erinnert, ist ein Argument von Gewicht:

> »Aber ich kann es nicht verleugnen, daß die Szene mit Gruscha, die Rolle, die ihr in der Analyse zufiel, und die Wirkungen, die im Leben von ihr ausgingen, sich doch am ungezwungensten und vollständigsten erklären, wenn man die Urszene, die andere Male eine Phantasie sein mag, hier als Realität gelten läßt« (Freud, 1918b [1914], S. 130).

Was Freud dann ergänzt:

> »Sie behauptet im Grunde nichts Unmögliches; die Annahme ihrer Realität verträgt sich auch ganz mit dem anregenden Einfluß der Tierbeobachtungen, auf welche die Schäferhunde des Traumbildes hindeuten« (ebd.).

… darunter die der »Urphantasien«

Diese Schlussfolgerung, die jedoch »unbefriedigend« (ebd.) genannt wird und sich nicht zwischen den Alternativen Realität versus Phantasie entscheiden muss, führt zu einem dritten, unerwarteten Ausdruck. Denn hier schält sich nun *die andere Denklinie* heraus: Selbst wenn man anerkennt, dass die Rekonstruktion einer Szene nicht wirklich in all ihren Details so genau ist wie eine Filmaufnahme, hält Freud es dennoch für ausgeschlossen, dass eine solche Rekonstruktion nur aus der Sicht des erwachsenen Subjekts erfolgt. Das würde sonst bedeuten, dass im äußersten Fall die ganze infantile Sexualität in den Abgrund stürzte, dass sie also vielleicht einfach nur eine Phantasie des Erwachsenen und insbesondere eine Phantasie Freuds und seines Patienten auf der Couch wäre. Und genau an diesem Punkt kommt der dritte Ausdruck ins Spiel, die *»Urphantasien«**. Es ist der Rekurs auf das Atavistische, der Rekurs auf Phantasien phylogenetischen oder vererbten Ursprungs, die Pontalis und ich selbst zu einer bestimmten Zeit aufgedeckt haben. Ich muss sogar sagen, dass wir sie als erste ausgegraben haben; denn vor uns, vor dem *Vokabular der Psychoanalyse* oder vor dem Text über »Phantasien über den Ursprung, Ursprünge der Phantasie« (Laplanche & Pontalis, 1992 [1964] und 1972 [1967]), hat niemand davon gesprochen. Also, es ist auf jeden Fall ein Freud'sches Konzept; aber ich will sofort hinzufügen, dass aus der Tatsache, dass wir es ausgegraben haben, nicht abzuleiten ist, dass wir daran festhalten, dass jedenfalls ich daran festhalte.

Denn auf jeden Fall muss Freud anerkennen, dass die Urszene in der ganzen Krankengeschichte weder als Ganzes noch in all ihren Details auffindbar ist. In diesem Sinne ist die Realität immer lückenhaft. Nun gibt es aber ein zentrales Detail, der Koitus »a tergo«, das Freud als wesentlich für die Struktur der »Szene« ansieht, ein Detail, das ganz offensichtlich in der Wirklichkeit nicht immer vorhanden ist.

> »Die Szene einer Beobachtung des Sexualverkehrs der Eltern in sehr früher Kindheit […] ist in den Analysen neurotischer Menschenkinder wahrlich keine Seltenheit. Vielleicht findet sie sich ebenso häufig bei den nicht neurotisch Gewordenen. Vielleicht gehört sie zum regelmäßigen Bestand ihres – bewußten oder unbewußten – Erinnerungsschatzes« (Freud, 1918b [1914], S. 89).

An dieser Stelle kommt das »Detail« ins Spiel. Denn die »Urszene« ist nichts Allgemeines, sondern ein ziemlich präzises Szenario:

> »So oft ich aber eine solche Szene durch Analyse entwickeln konnte, zeigte sie dieselbe Eigentümlichkeit, die uns auch bei unserem Patienten stutzig machte, sie bezog sich auf den *coitus a tergo*, der allein dem Zuschauer die

> Inspektion der Genitalien ermöglicht. Da braucht man wohl nicht länger zu bezweifeln, daß es sich nur um eine Phantasie handelt, die vielleicht regelmäßig durch die Beobachtung des tierischen Sexualverkehrs angeregt wird« (ebd.).

Ausgehend von solchen Argumenten kommt Freud zu einem universellen Bestand an Erinnerungen, und von da aus zu dem Gedanken, dass dieser Bestand ererbt ist und aus der Vorgeschichte stammt.

> »[Die phylogenetisch mitgebrachten Schemata besorgen; A. d. Ü.] wie philosophische ›Kategorien‹ die Unterbringung der Lebenseindrücke [...]. Ich möchte die Auffassung vertreten, sie seien Niederschläge der menschlichen Kulturgeschichte. Der Ödipuskomplex [...] gehört zu ihnen [...]. Wo die Erlebnisse sich dem hereditären Schema nicht fügen, kommt es zu einer Umarbeitung derselben in der Phantasie [...]« (ebd., S. 155).

... in die die Phylogenese mündet

Es gibt somit ein Vererbungsschema, das nicht nur den »Ödipuskomplex« betrifft, sondern auch die Art und Weise, wie, bzw. die Währung, in der er auftritt, insbesondere bei der Beobachtung des elterlichen Koitus. Dieses Vererbungsschema enthält sogar die Beobachtung des elterlichen Koitus in seinen winzigsten Details, zum Beispiel dass es ein Koitus wie bei den Tieren ist, dass er von hinten stattfindet; und wenn die individuellen Erfahrungen nicht ausreichen, dann vervollständigt das Subjekt eben die Lücken (wir finden hier diesen Ausdruck der Lücke wieder, das ist die Idee des Puzzles) seiner individuellen Geschichte mithilfe dieses allgemeinen Schemas.

Mit anderen Worten: die individuelle Erfahrung, die Kindheit, ist bei jedem von uns zwangsläufig kontingent, sie besteht aus einigen unzusammenhängenden und mehr oder weniger expliziten Erinnerungen; aber in keinem Fall öffnet dieses Ungenügen einer rein rückwärtsgerichteten, nur in der Gegenwart verorteten Einbildungskraft Tür und Tor. Wenn es in den Erfahrungen der Kindheit ein Höhlung [du creux] gibt, ist da eine vorgefertige prähistorische Ur-Füllung, eine reale Füllung, die nichts anderes ist als die in der menschlichen Vorgeschichte beobachtete Szene des elterlichen Koitus. Sie wissen, hier hinein gleitet die ganze Geschichte der »Urhorde«, der Frauen im Besitz des »Urvaters«, der Kastration oder der

Vergewaltigung der Söhne und so weiter. Ich weise Sie hier auf zwei Texte hin: einerseits den kürzlich ins Französische übersetzten Text: »Übersicht der Übertragungsneurosen« (Freud, 1985a [1915]), in dem Freud diese prähistorische Geschichte ausführlich entwickelt, und noch einmal auf den Aufsatz *Urphantasie* von Pontalis und mir (Laplanche & Pontalis, 1992 [1964]).

Ich habe gerade gesagt, dass wir uns, nur weil wir diese Urphantasie bei Freud wieder ausgegraben haben, diesen Begriff noch lange nicht zu eigen gemacht haben. Wenn Sie diesen kleinen Text anschauen, der in der Zwischenzeit als Buch erschienen ist, werden Sie sehen, dass wir uns schon damals – vielleicht aber nicht ausreichend – von dieser Freud'schen Auffassung distanziert haben.

Ich würde sagen, und Sie damit zugleich ein wenig in die Geschichte einführen, dass wir, Pontalis und ich, in diesem Text der strukturalistischen Versuchung doch ein wenig erlegen sind, auch wenn wir sie zu anderen Zeitpunkten kritisieren. Heute erscheint es mir offensichtlich, dass wir versucht haben, diesen Begriff der Urphantasien zu retten, indem wir in ihnen eine Art von »Währung« der ursprünglichen Basisstruktur gesehen haben, die selbst keiner geschichtlichen Rechtfertigung bedürfte, weil sie (im Sinne von Lévi-Strauss) zum Strukturhimmel gehörte und damit Teil der notwendigen Ausstattung des menschlichen Wesens selbst wäre: des Ödipuskomplexes. Der Ödipuskomplex wäre in gewisser Weise die Matrix dieser Urphantasien, von denen Freud die Urszene, die Kastration, die Phantasie der Rückkehr in den Mutterleib und die Verführung aufzählt.

Ich habe diesen Text nicht weiter kommentiert. Ganz sicher sagen wir gleichzeitig, dass es doch bei Freud neben diesem vordergründigen Strukturalismus Details gibt, die selbst nicht auf die Struktur zu reduzieren sind und die bei Freud auf die Phylogenese zurückgeführt werden. Wenn der Koitus ein Koitus »a tergo« ist, dann weil davon auszugehen ist, dass es unsere prähistorischen Ahnen auf diese Art gemacht haben.

Freud ernst nehmen

Ich würde meine These zu Freud – schließlich sind wir ja in der Nachträglichkeit zu Freud – auf folgende Weise formulieren: »Man darf einen Autor nicht [man darf Freud nicht; J. L.] seiner eigenen Grenzen berauben.« Die

Formulierung ist ein wenig paradox: Ich will damit sagen, dass ihn seiner Grenzen zu berauben schließlich dazu führt, ihm alles Mögliche unterzuschieben, wodurch weder Diskussion noch Fortschritt möglich sind. Man muss schon eine These ernst nehmen, sei sie auch kritisierbar, wie es hier die These von der phylogenetischen Vererbung der Urphantasien ist. Ich weiß, dass es in der psychoanalytischen Welt eine Tendenz hin zur Vereinfachung gibt nach dem Schema: »Alles in allem gehört all das in den Bereich des Mythos, und in der Psychoanalyse ist der Mythos ziemlich hilfreich.« Dies ist eine andere Frage. Dennoch situiert Freud die These von der Realität der Horde, die These von der Realität dieser prähistorischen Szenarien und auch die These ihrer genetischen Übertragung niemals auf einer »zweiten Ebene« [second degré], wenn ich das so sagen kann.

Einem großen Autor seine Grenzen zu belassen, bedeutet somit, anzuerkennen, dass diese Grenzen Ausgangspunkt eines Sprungs und eines Fortschritts im Denken sein können. Und was dieses Thema aufregend macht, ist, dass selbst dann, wenn ein Autor an seine Grenzen stößt, es nicht selten vorkommt, dass der Fortschritt, den man macht, wenn man diese Grenzen selbst überschreitet, in einem kleinen Eckchen des Werkes schon vorgezeichnet war.

Welches sind also die Grenzen, an die das Denken Freuds stößt und die ihn wie in einem Käfig vielleicht immer wieder anrennen lassen, so dass er in einer Art Wiederholung gefangen ist?

... um ihn zu kritisieren

Diese Grenze ist im Wesentlichen, was man auch immer darüber sagen mag, der Gegensatz zwischen Phantasie und Realität *ohne einen dritten Begriff*. Gerade habe ich gesagt, dass man häufig in einem kleinen Eckchen des Denkens oder des Textes etwas anderes angedeutet findet. Selbstverständlich findet man den Begriff der »psychischen Realität«, und man könnte behaupten, dass dieser Ausdruck der fehlende dritte Begriff sein könnte. Doch wenn man Freuds Texte über die psychische Realität genau liest, sieht man in Wirklichkeit, dass dieser Ausdruck außer an ein paar Stellen kaum etwas anderes ist als das Zeichen für eine Leerstelle von etwas, das er nie wirklich fassen konnte. Und in den Texten, in denen er sich am ausführlichsten damit beschäftigt – wie insbesondere in den *Vorlesungen zur Einführung in die Psychoanalyse* (Freud, 1916–17a [1915–17]) –, fällt die psychische Realität schlicht mit der *psychologischen* (subjektiven) Realität der Phantasie zusammen.[38]

Dieser nicht weiter vermittelte Gegensatz von materieller Realität versus Realität der Phantasie beherrscht in dieser Frage der Realität und insbesondere des Realitätsstatus infantiler Szenen weiterhin einen großen Teil der psychoanalytischen Diskussion.[39] Autoren wie Viderman und Mahony, aber auch die meisten anderen Autoren, verharren wie Freud eingekapselt zwischen diesen zwei Gliedern.

Materielle Realität und Phantasie ohne einen dritten Terminus?

Halten wir fest, dass Freud innerhalb dieses Gegensatzes zwischen Phantasie versus materielle Realität letztlich immer der materiellen Realität den Vorrang einräumt. Die materielle Realität der Szenen liefert die Vorgaben für die Phantasie, in der Periode von 1895 bis 1897 ist das genauso der Fall wie in diesem Text vom »Wolfsmann«. Dies tut Freud offensichtlich, um auf keinen Fall die Richtung des Zeitpfeils umkehren zu müssen.

Diese materielle Realität wird am Anfang als voll [pleine] aufgefasst. Sie wird als etwas gedacht, das de jure ohne Lücken ist; genau dies besagt ja der Begriff der »Szene«. Die letzte Szene, mit der Freud die Fälle aus den Jahren 1895 bis 1897 oder den »Wolfsmann« abschließen wollte, sollte in sich selbst ihren ganzen Sinn enthalten und zur vollständigen Aufklärung führen. Auf welchen Beinen sie auch immer steht, wenn sie erst einmal rekonstruiert ist, gibt es nichts Weiteres zu suchen, nichts, was noch dahinter läge.

Gegen diesen Vorrang der materiellen Realität gegenüber der Phantasie – sowohl auf der Ebene der Logik wie auch auf der der Zeitrichtung –

38 Eine ausführlichere Diskussion findet man im *Vokabular der Psychoanalyse* unter dem Artikel »Realität, psychische« (Laplanche & Pontalis, 1972 [1967], S. 425–427).

39 Vgl. die immer noch lebhafte, in den USA häufig vor Gerichten ausgetragene Diskussion zur Realität von in der Analyse wiedergefundenen Erinnerungen *(false/recovered memories)*. Wenn diese Erinnerungen durch den gewaltsamen und/oder sexuellen Inhalt der Szenen mehr oder weniger strafrechtliche Folgen nach sich ziehen, ist es manchmal der Patient, der die Initiative ergreift, die Täter vor Gericht anzuklagen, manchmal und umgekehrt sind es aber auch die angeklagten Missetäter, die den Psychotherapeuten beschuldigen, dem Patienten diese Szenen eingeredet zu haben.

sprechen, wie Sie wissen, unzählige theoretische und praktische Einwände. Sobald man in diesem Gegensatz verharrt, können Enttäuschungen nicht ausbleiben. Die erste (wir zielen hier auf zwei Enttäuschungen ab, die letztlich auf das Gleiche hinauslaufen) findet man in dem berühmten Brief »Ich glaube an meine Neurotica nicht mehr« (Freud, 1986, S. 283); die zweite kommt in den Hinzufügungen von 1917 bis 1918 zum »Wolfsmann« zum Vorschein: »Ich glaube nicht mehr an diese Urszene, für deren Rekonstruktion ich mich doch so lange stark gemacht habe.«[40]

Es ist bemerkenswert, dass sich dieselbe Krise mit derselben Thematik ein zweites Mal wiederholt: dasselbe hartnäckige Forschen, um die eine oder mehrere Szenen in ihren winzigsten Details zu rekonstruieren; dieselbe Überzeugung, dass da, mit der alten Traumatheorie, das Geheimnis der Neurose liegt; dann dieselben Zweifel und dieselbe Enttäuschung.

1897 glaubt er nicht mehr an seine »Neurotica« und 1917 beginnt er genauso an dieser Urszene zu zweifeln, deren Rekonstruktion er unter so großem Aufwand betrieben hatte.

Wäre Jungs »Zurückphantasieren« nicht vielleicht doch wahr? Auf gar keinen Fall, denn es kann nicht aus sich selbst heraus bestehen. Zur besseren Übersicht, möchte ich hier drei ziemlich vereinfachte Schemata zur Beziehung von Ph (Phantasie) und R (Realität) vorschlagen.

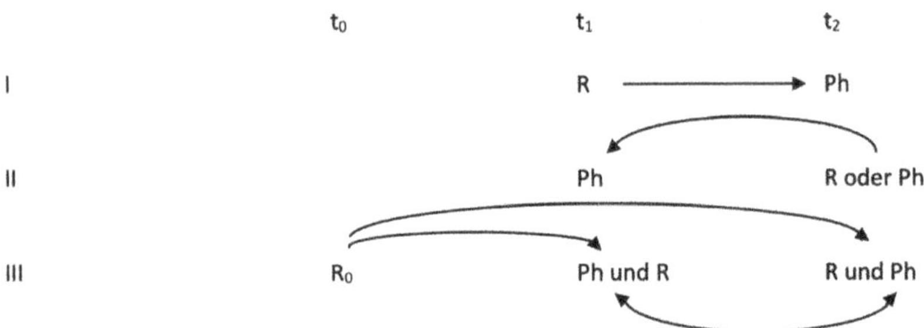

t_1 = Kindheitsszene
t_2 = Einbildung des Erwachsenen
t_0 = Szene in der Phylogenese

Abbildung 7

40 [Anders als Laplanche suggeriert, handelt sich hier nicht um ein Zitat aus dem »Wolfsmann«; A. d. Ü.]

Die erste Lösung geht von der wirklichen Kindheitsszene als Ursprung jeder Phantasie aus. Sie stößt an die Schwierigkeit, wenn nicht Unmöglichkeit, die Zeit t_1 mit Gewissheit rekonstruieren zu können. Die Kindheitsszene ist hoffnungslos »lückenhaft«. Ich persönlich bevorzuge hier den Ausdruck rätselhaft und ich werde auch sagen, warum. Die Szene ist in sich selbst ungenügend, auch weil sie immer die Möglichkeit lässt, dass sich hinter ihr eine noch archaischere Szene abzeichnet, die ihr erst ihre Bedeutung gibt.

Man kann folglich sagen, dass diese »realistische« Hypothese zu zwei unterschiedlichen Zeitpunkten zumindest stark angezweifelt wird: im »Brief der Tagundnachtgleiche« und in den Hinzufügungen zum »Wolfsmann« von 1917 bis 1918.

Die zweite Hypothese (II) ist ganz einfach das »Zurückphantasieren«. Freud lehnt sie schlicht und ergreifend ab. Aber deshalb dürfen wir nicht denken, dass sie einfach eines natürlichen Todes sterben wird. Sie hört nicht auf weiterzuleben in einer »hermeneutischen Methode«, die in verschiedensten Figuren und Bereichen immer wieder neu auftaucht: Einer ihrer häufigsten Ausdrücke ist »Neuinterpretation« [resignification]. Und ausgeweitet zu so etwas wie einer, sagen wir, *Soziokonstruktion* von Begriffen, findet man sie unter Bezeichnungen wie »Konstruktion«, »Fabrik« und so weiter wieder. Wer ist das »Subjekt« in dieser »Fabrik«? Woher bezieht es die Materialien und die Macht zur Synthese?

Der dritte Ausdruck: Vorgeschichte

Aber bei Freud läuft es anders; sowohl 1897 wie in der Krise von 1917 bis 1918 zeichnet sich dieselbe Lösung (III) ab. 1897 fand die Vererbung wieder »zu ihrem Recht«. 1917 bis 1918 wird die Hypothese dann explizit gemacht, denn in der Zwischenzeit haben *Totem und Tabu* und dessen »wissenschaftlicher Mythos« den Weg dazu bereitet. Den Boden des Ereignisses aufzugeben, kommt nicht mehr infrage; er wird aber von nun an prähistorisch sein. Die Realität der Verführung oder der Kastration ist tatsächlich von Anfang an gegeben, und zwar in dem, was ich in Schema III als t_0 bezeichne. *Im Anfang war die Tat*, wiederholt Freud eindringlich zum Thema Vatermord. Im unwiderlegbaren, nicht falsifizierbaren Schutz der Vorgeschichte spielt sich der zweitrangige Kampf zwischen materieller Realität und Phantasie von nun an ab. Die grundlegenden Schemata (oder

Urphantasien), die seit unvordenklichen Zeiten überliefert sind, geben von nun an unseren tagtäglichen Handlungen ebenso wie unseren zufälligen Phantasien die Form vor: Ob du willst oder nicht, wirst du ein »Ödipus« sein, und wenn du es nicht bist, stellst du dir vor, es zu sein, was streng genommen auf dasselbe hinausläuft.

13. Februar 1990

Wir werden heute Schlussfolgerungen ziehen. Aber dieses »Heute« ist dadurch, dass ich mir die Freiheit nehme, auf meine Vorlesungsnotizen von 1989 und 1990 zurückzugreifen, auch das Heute vom August 2005[41]. Sicher haben sich im Grunde nur wenige Dinge verändert, seit ich diese Vorlesung gehalten habe. Aber was diese Überlegungen zur Nachträglichkeit nachträglich ergeben haben, lässt mich doch feststellen, dass ziemlich wenig von dem »aufgenommen« wurde, was ich seit Langem als den Motor dieses zentralen Konzepts innerhalb der psychoanalytischen Theorie der Zeit vorbringe. Die alte »Neuinterpretation«, ein nur oberflächlich modernisierter Avatar des Jung'schen »Zurückphantasierens«, findet in Zeitschriften, Kolloquien und Zusammenfassungen einhellige Zustimmung. Wohingegen die schon im *Vokabular der Psychoanalyse* betonte Originalität des Nachträglichkeitskonzepts, das unumstößlich auf die doppelte Richtung des Zeitpfeils hinweist, nur sehr wenige Kliniker und Theoretiker aus dem Schlaf gerüttelt hat.

Mithilfe der Zeilen dieses 13. Februar 1990 werde ich also versuchen, unmissverständlich das noch einmal zu formulieren, was aus Freuds Ausführungen und auch seinen Aporien hervorgeht, und was am Ende als *neuer* Beitrag erscheint.

Behalten wir das oben vorgeschlagene Schema im Kopf, damit wir die drei aporetischen Lösungen vor Augen haben, die aus dem Freud'schen Denken hervorgegangen sind.

In I wird die Phantasie nachträglich durch die Kindheitsszene festgelegt (das ist *fast* die »Wolfsmann«-Lösung, zumindest in der Version von 1914); in II geht es um das reine »Zurückphantasieren«, zu dem Freud sich nie entschließen konnte. In III greift die Lösung auf die phylogenetischen »Urphantasien« zurück.

---

41 [Laplanche hat 2005 diesen Band für die Veröffentlichung überarbeitet; A. d. Ü.]

Zwei unterschiedliche Rekurse auf die Phylogenese

Zuallererst muss man klarstellen, um was es bei diesem Eingreifen des genetisch übertragenen »Prähistorischen« geht. Dieser Gedanke taucht in unserem Durchgang durch die Freud'schen Texte zweimal auf, und zwar auf ganz unterschiedliche Weise.

Im Brief 146 vom 19. September 1901 bezieht sich die Phylogenese zunächst auf die Evolution des Lebens im Allgemeinen, besonders beim Tier, mit dem Übergang vom Vierfüßler- zum aufrechten Gang. Freud versucht, noch etwas zurückhaltend, eine Abfolge von Stadien *bei den Lebewesen* darzustellen, der beim Menschen eine Abfolge von erogenen Zonen entspreche. Letzen Endes wird vor allem geschildert, dass damit das Primat des Geruchs aufgegeben wird, und damit die anale Sexualität zugunsten der Genitalität. Bei dieser Art der Betrachtung ist gewiss größte Vorsicht geboten. Aber warum sollte man sich nicht Fragen stellen zur *sexuellen* Bedeutung des Übergangs vom Vierfüßler- zum aufrechten Gang, von den Primaten zum *homo erectus*.

Die »Urphantasie« oder aber die »gute Szene«?

Bei den insbesondere im »Wolfsmann« eingeführten Urphantasien geht es einerseits und ausschließlich um die Geschichte *des Menschen*, die mit der Zeit des »Urmenschen« beginnt. Andererseits und vor allem sind es *prähistorische Szenen*, die sich eingeschrieben haben sollen, die vom Individuum, *von einer unzählbaren Abfolge von Individuen erlebt wurden*, damit überhaupt eine genetische Engrammierung oder Einschreibung möglich werden konnte. Diese Auffassung ist nicht darwinistisch, aber auch nicht wirklich lamarckistisch, denn die Frage der Anpassung spielt überhaupt keine Rolle. Im *Mann Moses*, in dem Freud gar nicht verleugnet, dass er in diesem Punkt den wissenschaftlichen Thesen widerspricht, wird diese Auffassung erneut mit Nachdruck vertreten (Freud, 1939a [1934–38], S. 207).

Auf der Ebene der Klinik gibt es nichts, was eine solche Auffassung von der genetischen Übermittlung von Szenen, Szenarien oder gar prähistorischen Schemata stützen würde. Ganz im Gegenteil kommt diese theoretische Hypothese im »Wolfsmann« wie eine Krücke daher, wie eine Art Lückenfüller, der die löchrigen Stellen der rekonstruierten Erinnerung ergänzt. Auf den Ausdruck des »Lückenhaften« haben wir ein besonderes

Augenmerk gelegt und gezeigt, dass für Freud die Lücken der Szene so gut wie möglich zu füllen sind. Es geht hier um das durch die assoziative Methode fertiggestellte (oder aber, wenn das nicht geht, um das durch die Urphantasie ergänzte) Puzzlebild.

Neben dieser ergänzenden Rolle übernimmt die Urphantasie darüber hinaus die Funktion, dem Schema der Nachträglichkeit wieder Plausibilität zu verschaffen, zerrissen wie es ist zwischen seiner progredienten Bedeutung (»die aufgeschobene Handlung«, die Zeitbombe) und seiner regredienten Bedeutung (einer sich verflüchtigenden Vergangenheit eine neue Bedeutung verleihen).

Um Freuds Präferenz für die erste (die progrediente) Lösung zu verdeutlichen, muss man sich nur vor Augen führen, dass er bis zum »Wolfsmann« und darüber hinaus seine konstante Neigung zur Rekonstruktion einer vergrabenen Vergangenheit nicht aufgibt. Nehmen Sie zum Beispiel den Brief vom 21.12.1899 zur Hand, in dem er vom Abschluss der Behandlung seines Patienten E. berichtet, für den er schließlich die »gute Szene« gefunden habe und in dem er sich voller Enthusiasmus auf Schliemanns archäologische Entdeckung von Troja bezieht:

> »Ich getraue mir noch kaum, daran ordentlich zu glauben. Es ist, als hätte Schliemann wieder einmal das für sagenhaft gehaltene Troja aufgegraben« (Freud, 1986, S. 430).

Eine Szene, die man wiederfindet oder nicht wiederfindet, eine lückenhafte Szene, die man ergänzen muss, eine Szene, hinter der sich bis ins Unendliche andere Szenen abzeichnen, all diese Möglichkeiten markieren Freuds Weg mit seinen Patienten, und immer mit derselben fieberhaften Erwartung. Doch wagen wir es vor allem, hinter dieser empirischen Schwierigkeit, die »gute Szene« zu finden, eine zugleich transzendentale und ironische Frage zu formulieren: »Und wenn man die letzte Szene wirklich finden würde? Was wäre dann? Müsste dann der Psychoanalytiker die Rolle des Arztes in Molieres *Le Médecin malgré lui* übernehmen und sagen: ›Da sehen Sie, warum ihre Tochter stumm ist …‹?«[42]

Dabei werde ich es sicher nicht belassen. Ich werde auf den Ausdruck »lückenhaft« pochen und darauf, dass er ein Hinweis ist für das, was Freud

42 [Molières Arzt erklärt die Stummheit der Tochter damit, dass sie nicht sprechen kann; A.d.Ü.]

an der Szene und an der Erinnerung an die Szene nur schlecht erträgt. Er begreift sie als eine *physische Realität*, bei der kein »Gamaschenknopf« fehlen dürfe (vgl. auch die erschöpfenden Anmerkungen im »Wolfsmann« (Freud, 1918b [1914], S. 70ff., A.1 und S. 157, A.1 [vgl. Appendix; A.d.Ü.]).

Lückenhafte Darstellung oder rätselhafte Botschaft?

Der Ausdruck »lückenhaft« verweist genau auf diese »physische« Realität. Da gibt es Szenen zwischen mehreren Personen, Szenen mit Tieren, rein materielle Szenen: Wie könnte ich dennoch behaupten, dass es sich nicht um sinnvolle Szenen handelt bei Freud? Ich muss also meinen Ausdruck korrigieren und betonen, dass es sich immer um *Ereignisse* handelt, *die auf der Vorstellungsebene gespeichert worden sind*: etwas, das das Subjekt »sich vorstellt« in der Folge eines letztlich materiellen Ereignisses. *»Lückenhafte Vorstellung«* wäre der exakteste Ausdruck für das, worauf Freud in seiner Suche nach der Szene stößt. Lücken, die er kaum erträgt und die er sogleich mit der Hypothese der phylogenetischen »Urphantasien« zu stopfen sucht. Es wird aber nun Zeit für uns, diesen Ausdruck mit den zwei Wörtern zu konfrontieren, die der Schlüssel nicht nur zur Allgemeinen Verführungstheorie, sondern auch zu einem neuen Verständnis der Nachträglichkeit sind: *»rätselhafte Botschaft«*. Was die beiden Formulierungen *»lückenhafte Vorstellung«* und *»rätselhafte Botschaft«* in einen Gegensatz zueinander bringt, ist nicht die Anwesenheit oder Abwesenheit von Sinn. Fern liegt mir der Gedanke, dass die Vorstellung nicht bedeutungshaltig sein könnte oder dass sie ihren Sinn nicht gegebenenfalls ändern kann, je nachdem, welche Haltung das Subjekt zu ihr einnimmt. Diese Veränderbarkeit ist im Gegenteil ein Beleg dafür, dass die Vorstellung immer ein »sich vorstellen« ist.[43] Die *Vorstellung* kann durch und durch bedeutungsvoll sein; der Unterschied besteht darin, dass die Botschaft immer *»jemandem etwas bedeutet«* (einem Kind durch jemanden, den Erwachsenen).

Unser anderer Ausdruck ist *rätselhaft*. Er geht davon aus, dass das (sexuelle) Unbewusste des Senders mit im Spiel ist. Nirgendwo ist bei Freud, zum Beispiel auch nicht im »Wolfsmann«, die Rede von einem Unbe-

43 Erinnert sei daran, dass im Deutschen *Vorstellung** das Substantiv zu *sich vorstellen** ist. Das Verb *vorstellen**, also die nicht reflexive Form, wird wenig gebraucht.

wussten der Eltern, das auf den Inhalt oder den Kontext der »Urszene« einwirken könnte. Das gilt übrigens genauso für die prähistorische Urszene und ihren Hauptprotagonisten, den »Vater der Urhorde« oder den »Urmenschen«. Wenn Sie die Szenarien verfolgen, die Freud in »Übersicht der Übertragungsneurosen« (Freud, 1985a [1915]) beschreibt, stellen Sie fest, dass die prähistorischen Szenen im Außen, in der tatsächlich gelebten Erfahrung, in einer Szene im theatralischen Sinne des Wortes zeigen, was dann innere Szene sein wird. Ich, Es, Überich können nacheinander in dieser oder jener Persönlichkeit des Dramas verortet werden. Und wenn sie so zwischen unterschiedlichen Persönlichkeiten verteilt sein können, dann muss man auch sagen, dass beim »Urmenschen«*, dem »ursprünglichen Mensch« selbst keine Rede davon ist, dass seine Persönlichkeit gespalten ist. Erst die Szene führt zur Spaltung. Der »Urmensch«* hat kein Unbewusstes oder, um es anders zu formulieren, er hat kein Es, das von einem Ich oder einem Überich unterschieden wäre; und genauso wenig hat er einen Ödipuskomplex oder einen Kastrationskomplex. Es wäre absurd zu denken, dass der ursprüngliche Mensch »einen Kastrationskomplex hat«; denn erst die Kastration, die er an den Söhnen wirklich ausübt, führt zum »Kastrationskomplex« und der »Urphantasie der Kastration«, die, so Freud, in der Folge vererbt werden *(Im Anfang war die Tat*)*.

Nicht nur bleibt die Metapsychologie (das heißt im Wesentlichen: das Unbewusste) des Senders der Nachricht unberücksichtigt, sondern der Sender als zentraler Akteur wird überhaupt vernachlässigt: Wie wir oben dargestellt haben, gilt dies sowohl für Gustav Adolf im Märchen vom »Pagen« wie für die Amme im Beispiel des »Verehrers der Frauenschönheit«. Unbeachtet bleibt, was *mit* dem Kuss oder *mit* der Brust *vermittelt* wird. Weder der eine noch die andere gelten als Botschaften.

Schließlich »rätselhaft«: Der Terminus ist zentral. Denn rätselhaft sind die Botschaften zwischen Erwachsenem und Kind notwendigerweise. Das gegenseitige, sowohl angeborene als auch erworbene Verstehen ermöglicht ein gutes Sich-aufeinander-Einstimmen auf der Ebene der Selbsterhaltung. Aber die Erwachsenenbotschaften sind »rätselhaft«, weil sich in sie ohne das Wissen der Sender »Abkömmlinge« ihres Unbewussten einschleichen. Dieses »Rätselhafte«, das vom Kind intuitiv erfasst wird und zwangsläufig zu einem Unbehagen führt, treibt es zu einem besseren Verständnis dessen an, was *ihm passiert*.

In welchen Schwierigkeiten oder auch Ungereimtheiten bleibt Freud letztlich gefangen?

1. Er ist Gefangener einer letztlich mechanistischen Auffassung zeitlicher Abläufe. Als Symptom dieser Auffassung könnte man die englische Übersetzung von *Nachträglichkeit** als *deferred action*: »aufgeschobene Handlung« anführen, die als streng konform mit dem »Zeitpfeil« gedacht wird.
2. Er entwickelt nicht den Begriff der Botschaft und a fortiori nicht den der rätselhaften, durch das Unbewusste des Senders kompromittierten Botschaft.
3. Und schließlich zieht er keinen Nutzen aus dem zentralen – allerdings nur vorübergehenden – Fortschritt, den der Brief 52/112 vom 6. Dezember 1896 darstellt, das heißt aus der Ausarbeitung einer »übersetzerischen« Theorie des Nachträglichkeitsprozesses.

Der Niedergang der übersetzerischen Theorie

Ich würde sagen, der Hauptgrund für den Niedergang dieser übersetzerischen Theorie ist letztlich die Abwesenheit des Begriffs von einem »zu Übersetzenden«; denn damit es überhaupt Übersetzung geben kann, braucht es in der Tat ein ursprüngliches »zu Übersetzendes«: Das, was »zu übersetzen« ist, kann in unserem Sinne nur als eine immer schon gegebene Offenheit des Menschen für und durch das Rätsel des Anderen gedacht werden.[44]

Ich komme noch einen Moment lang auf diesen Brief 52/112 zurück, um den rätselhaften Platz zu unterstreichen, den er selbst, wie es scheint, dem ursprünglichen »zu Übersetzenden« einräumt, und zwar in Gestalt der Initialen *WZ*, die für *Wahrnehmungszeichen** stehen. »Zeichen« oder »Index« der Wahrnehmung, hier liegt die ganze Ambiguität. Denn wenn

44 Ich wiederhole dies nur: Der Freud'sche Solipsismus ist grundsätzlich zu widerlegen, und zwar auf zwei Ebenen: nicht nur auf der Ebene, die ich gerade behandle, das heißt auf der Ebene der Öffnung des Subjekts als menschliches Wesen durch das (sexuelle) Rätsel des Anderen, sondern auch auf der uranfänglichen Öffnung des kleinen Menschenkindes als (Warmblüter-)Lebewesen hin zur Welt der Artgenossen, die ihm Überlebenshilfe anbieten. Wir gehen also nicht von zwei geschlossenen Systemen aus, sagen wir: einem »Narzissmus« und einer »Symbiose«, sondern im Gegenteil von einem biologisch zu seiner Umwelt hin offenen Wesen und von einem kleinen Menschenkind, das von Anfang an vom menschlichen Anderen, das heißt von dem Erwachsenen und seiner Botschaft, die er an es sendet, durchdrungen wird.

man sich für »Index« entscheidet, landet man bei etwas, das die zwischenmenschliche Welt nicht voraussetzt, und man ist nicht weit vom Begriff der Spur oder dem der Vorstellung entfernt. Wenn man im Gegenteil für *Zeichen** votiert, ist man, wie die Etymologie es andeutet, nicht weit von der Idee entfernt, dass etwas »Zeichen gibt«, im Sinne von: jemand macht jemandem Zeichen. Hier öffnet sich also, könnte man sagen, ein Raum für ein »zu Übersetzendes«. Etwas, das uns in dieselbe Richtung führte, hatten wir schon im Brief 123 (6. April 1897) beim Ausdruck »gehört und erst nachträglich verstanden« bemerkt (Freud, 1986, S. 286).

Warum berufe ich mich also auf eine übersetzerische Theorie, ein *übersetzerisches Modell der Nachträglichkeit* und allgemeiner der Verführungstheorie, ja auf ein übersetzerisches Modell für die Herausbildung des menschlichen Seins? Weil kein anderer psychischer Prozess diese doppelte und unteilbare Bewegung des »Nach-vorne-getragen-Seins« und des »Sich-nach-hinten-Beziehens« erfasst. »Nach-vorne-getragen-Sein« ist nichts anderes als das, was ich als ein »grundlegendes Zu-Übersetzendes« bezeichne, das heißt eine Anforderung nach intrinsischer Übersetzung der Botschaft des Anderen. Diese Anforderung ist bereits in jedem noch so unkomplizierten Dialog gegeben, sie wird maximal, wenn in der Botschaft des Anderen ein Teil des Rätsels zu erkennen ist, das zu seiner eigenen Sexualität gehört. Diese Anforderung zwingt dann dazu, auf irgendeinen Code zu rekurrieren, der gerade zur Hand ist, ja sogar notfalls einen zu erfinden. So ist es beim Kuss von Gustav Adolf, dessen Wirkung über das Wiederaufleben einer erogenen Zone hinausgeht; er führt vielmehr auf direktem Weg zur Liebe des Pagen für den Souverän. So ist es beim Geben der Brust (und nicht nur der Milch) durch die Amme, von dem in der *Traumdeutung** die Rede ist.

Wenn wir schließlich im »Wolfsmann« den Begriff der Botschaft des Anderen einführen, erscheint dadurch die Diskussion über die »materielle Realität« der Szene sehr viel unwichtiger. Damit will ich Folgendes sagen: Freud ist entgangen, dass in dem Schauspiel der Urszene natürlich eine Botschaft der Erwachsenen enthalten sein kann. Vor dem Kind einen elterlichen Koitus *aufzuführen*, ist in der Tat in sich selbst eine Botschaft; aber eine Botschaft des Erwachsenen kann genauso gut von einer dem Anschein nach harmlosen Szene ausgehen, zum Beispiel wenn sich die beiden Eltern vor dem Kind einfach einen scheinbar unschuldigen Kuss geben; und in dieser Geschichte des »Koitus der Hunde« ist es alles in allem auch nicht gleichgültig, wenn man das Kind zu einem Spaziergang zu den Schafen mitnimmt, und dann mit ihm zusammen die kopulierenden Hunde betrachtet. Die Frage »Was will dieser Erwachsene von mir?« lautet hier: »Was will dieser Erwachsene von mir, wenn er mich hierher mitnimmt, um das zu sehen? Was will er mir denn damit sagen?«

Aber mit dieser Frage »Was will er von mir?« zeigt sich die ganze *retrogrediente* Bewegung der Übersetzung, die damit auf die Suche nach dem Geheimnis der rätselhaften Botschaft geht, ohne es jemals ganz lösen zu können. Bei jedem Menschen, also für jeden von uns, gibt es die in zwei Richtungen verlaufende Bewegung der Nachträglichkeit. Die progrediente Bewegung geht von der rätselhaften Botschaft aus, die dem Kind ursprünglich vom Erwachsenen als ein »zu Übersetzendes« dargeboten wird. Die retrogrediente Bewegung kennzeichnet die aufeinanderfolgenden Übersetzungsversuche des Empfängers, wohl wissend, dass dabei immer etwas Rätselhaftes fallen gelassen wird.

Die Nachträglichkeit: Nicht bei einer einzigen Person, sondern zwischen Botschaft und Übersetzung

Um pointiert zu schließen, unterstreiche ich noch einmal, dass die »Nachträglichkeit« ein Phänomen ist, das sich nicht im intrapersonellen, sondern im interpersonellen Raum abspielt. Nur darauf, auf dieser Idee allein, beruht ihre Besonderheit und ihre Möglichkeit, den »Zeitpfeil« umzukehren und umzustürzen. Die Nachträglichkeit spielt sich im Wesentlichen nicht bei ein und demselben Individuum in aufeinanderfolgenden Lebensetappen ab. Sie spielt sich zunächst in der *Gleichzeitigkeit* von Erwachsenem und *Infans* ab. Die rätselhafte Botschaft des Erwachsenen, die selbst durch dessen eigenes Unbewusstes geprägt ist, stellt *»das Vor-trägliche« [»l'avant-coup«]* dieses Prozesses dar, und führt beim Empfänger zu einem ersten Ungleichgewicht, das ihn dazu drängt zu übersetzen, zu einem zweiten Zeitpunkt, nachträglich und immer unvollständig. Dieses Vor-trägliche besteht aus den ersten konkreten Botschaften, die dem Kind in diesem unausweichlichen Rahmen der »anthropologischen Grundsituation« vom Erwachsenen nahegebracht werden.

Dieser doppelten Bewegung hat die psychoanalytische Methode Freuds eine neue Ausrichtung gegeben, eben die Möglichkeit der Kur. Dazu war es notwendig, dass Freud selbst die Illusion von einem »großen Geheimnis« aufgibt, das eines Tages gelüftet werden könnte, wenn alle Lücken gefüllt und das Rätsel gelöst ist. Das »große Geheimnis«, das bedeutet, sich – ohne je anzukommen – auf den Weg zurück zu begeben, entlang von Szenen und nach Maßgabe der *analytischen Methode, der assoziativ-dissoziativen Methode*, hin zu Elementen, die das elterliche Rätsel transportieren, ohne es je zu lösen.

Es bedeutet auch, wie Freud genau vermerkt hat, eine progrediente Bewegung wiederaufzunehmen, um annäherungsweise zu gegebenenfalls provisorischen Synthesen zu gelangen, die die streng genommen »psychotherapeutischen« Momente jeder Kur ausmachen; hier ist die eigene Aktivität des Analyanden entscheidend – selbst wenn sie uns Unbehagen bereitet.

Appendix: Auszüge aus dem »Wolfsmann«

I. Der Traum und seine Urszene[45]

Nachdem uns die Synthese dieses Traumes gelungen ist, will ich versuchen, die Beziehungen des manifesten Trauminhaltes zu den latenten Traumgedanken übersichtlich darzustellen.

Es ist Nacht, ich liege in meinem Bette. Das letztere ist der Beginn der Reproduktion der Urszene. »Es ist Nacht« ist Entstellung für: ich hatte geschlafen. Die Bemerkung: Ich weiß, es war Winter, als ich träumte, und Nachtzeit, bezieht sich auf die Erinnerung an den Traum, gehört nicht zu seinem Inhalt. Sie ist richtig, es war eine der Nächte vor dem Geburtstag resp. Weihnachtstag.

Plötzlich geht das Fenster von selbst auf. Zu übersetzen: Plötzlich erwache ich von selbst, Erinnerung der Urszene. Der Einfluß der Wolfsgeschichte, in der der Wolf durchs Fenster hereinspringt, macht sich modifizierend geltend und verwandelt den direkten in einen bildlichen Ausdruck. Gleichzeitig dient die Einführung des Fensters dazu, um den folgenden Trauminhalt in der Gegenwart unterzubringen. Am Weihnachtsabend geht die Türe plötzlich auf, und man sieht den Baum mit den Geschenken vor sich. Hier macht sich also der Einfluß der aktuellen Weihnachtserwartung geltend, welche die sexuelle Befriedigung miteinschließt.

Der große Nußbaum. Vertreter des Christbaumes, also aktuell: überdies der Baum aus der Wolfsgeschichte, auf den sich der verfolgte Schneider flüchtet, unter dem die Wölfe lauern. Der hohe Baum ist auch, wie ich mich oft überzeugen konnte, ein Symbol der Beobachtung, des Voyeurtums. Wenn man auf dem Baume sitzt, kann man alles sehen, was unten vorgeht, und wird selbst nicht gesehen. Vgl. die bekannte Geschichte des Boccaccio und ähnliche Schnurren.

Die Wölfe. Ihre Zahl: *sechs oder sieben.* In der Wolfsgeschichte ist es ein Rudel ohne angegebene Zahl. Die Zahlbestimmung zeigt den Einfluß des

45 Text aus: Freud (1918b [1914], S. 70f. A.1).

Märchens von den sieben Geißlein, von denen sechs gefressen werden. Die Ersetzung der Zweizahl in der Urszene durch eine Mehrzahl, welche in der Urszene absurd wäre, ist dem Widerstand als Entstellungsmittel willkommen. In der zum Traum gefertigten Zeichnung hat der Träumer die 5 zum Ausdruck gebracht, die wahrscheinlich die Angabe: es war Nacht, korrigiert.

Sie sitzen auf dem Baum. Sie ersetzen zunächst die am Baum hängenden Weihnachtsgeschenke. Sie sind aber auch auf den Baum versetzt, weil das heißen kann, sie schauen. In der Geschichte des Großvaters lagern sie unten um den Baum. Ihr Verhältnis zum Baum ist also im Traum umgekehrt worden, woraus zu schließen ist, daß im Trauminhalt noch andere Umkehrungen des latenten Materials vorkommen.

Sie schauen ihn mit gespannter Aufmerksamkeit an. Dieser Zug ist ganz aus der Urszene, auf Kosten einer totalen Verkehrung in den Traum gekommen.

Sie sind ganz weiß. Dieser an sich unwesentliche, in der Erzählung des Träumers stark betonte Zug verdankt seine Intensität einer ausgiebigen Verschmelzung von Elementen aus allen Schichten des Materials, und vereinigt dann nebensächliche Details der anderen Traumquellen mit einem bedeutsameren Stück der Urszene. Diese letztere Determinierung entstammt wohl der Weiße der Bett- und Leibwäsche der Eltern, dazu das Weiß der Schafherden, der Schäferhunde als Anspielung auf seine Sexualforschungen an Tieren, das Weiß in den Märchen von den sieben Geißlein, in dem die Mutter an der Weiße ihrer Hand erkannt wird. Wir werden später die weiße Wäsche auch als Todesandeutung verstehen.

Sie sitzen regungslos da. Hiemit wird dem auffälligsten Inhalt der beobachteten Szene widersprochen; der Bewegtheit, welche durch die Stellung, zu der sie führt, die Verbindung zwischen Urszene und Wolfsgeschichte herstellt.

Sie haben Schwänze wie Füchse. Dies soll einem Ergebnis widersprechen, welches aus der Einwirkung der Urszene auf die Wolfsgeschichte gewonnen wurde und als der wichtigste Schluß der Sexualforschung anzuerkennen ist: Es gibt also wirklich eine Kastration. Der Schreck, mit dem dies Denkergebnis aufgenommen wird, bricht sich endlich im Traume Bahn und erzeugt dessen Schluß.

Die Angst, von den Wölfen aufgefressen zu werden. Sie erschien dem Träumer als nicht durch den Trauminhalt motiviert. Er sagte, ich hätte mich nicht fürchten müssen, denn die Wölfe sahen eher aus wie Füchse oder Hunde, sie fuhren auch nicht auf mich los, wie um mich zu beißen, sondern waren sehr ruhig und gar nicht schrecklich. Wir erkennen, daß die Traumarbeit sich eine Weile bemüht hat, die peinlichen Inhalte durch Verwandlung ins Gegenteil unschädlich zu machen. (Sie bewegen sich nicht, sie haben ja die schönsten Schwänze.) Bis endlich dieses Mittel versagt und die Angst losbricht. Sie findet ihren Ausdruck mit Hilfe des Märchens, in dem die Geißlein-Kinder vom Wolf-Vater gefressen werden. Möglicherweise hat dieser Märcheninhalt selbst an scherzhafte Drohungen des Vaters, wenn er mit dem Kinde spielte, erinnert, so daß die Angst, vom Wolf gefressen zu werden, ebensowohl Reminiszenz wie Verschiebungsersatz sein könnte.

Die Wunschmotive dieses Traumes sind handgreifliche; zu den oberflächlichen Tageswünschen, Weihnachten mit seinen Geschenken möge schon da sein (Ungeduldstraum), gesellt sich der tiefere, um diese Zeit permanente Wunsch nach der Sexualbefriedigung durch den Vater, der sich zunächst durch den Wunsch, das wiederzusehen, was damals so fesselnd war, ersetzt. Dann verläuft der psychische Vorgang von der Erfüllung dieses Wunsches in der heraufbeschworenen Urszene bis zu der jetzt unvermeidlich gewordenen Ablehnung des Wunsches und der Verdrängung.

Die Breite und Ausführlichkeit der Darstellung, zu der ich durch das Bemühen genötigt bin, dem Leser irgend ein Äquivalent für die Beweiskraft einer selbstdurchgeführten Analyse zu bieten, mag ihn gleichzeitig davon abbringen, die Publikation von Analysen zu verlangen, die sich über mehrere Jahre erstreckt haben.

II. Zusammenfassungen und Probleme[46]

[Zusatz 1923:] Ich stelle hier nochmals die Chronologie der in dieser Geschichte erwähnten Begebenheiten zusammen:

Geboren am Weihnachtstag.

1½ Jahre: Malaria. Beobachtung des Koitus der Eltern oder jenes Beisammenseins derselben, in das er später die Koitusphantasie eintrug.

Kurz vor 2½ Jahren: Szene mit Gruscha.

2½ Jahre: Deckerinnerung an Abreise der Eltern mit Schwester. Sie

46 Text aus: Freud (1918b [1914], S. 156f., A.1).

zeigt ihn allein mit der Nanja und verleugnet so Gruscha und Schwester.

Vor 3¼ Jahren: Klage der Mutter vor dem Arzt.

3¼ Jahre: Beginn der Verführung durch die Schwester, bald darauf Kastrationsdrohung der Nanja.

3½ Jahre: Die englische Gouvernante, Beginn der Charakterveränderung.

4 Jahre: Wolfstraum, Entstehung der Phobie.

4½ Jahre: Einfluß der biblischen Geschichte. Auftreten der Zwangssymptome.

Kurz vor 5 Jahren: Halluzination des Fingerverlustes.

5 Jahre: Verlassen des ersten Gutes.

Nach 6 Jahren: Besuch beim kranken Vater.

8 Jahre } Letzte Ausbrüche der Zwangsneurose
10 Jahre }

Meine Darstellung hat es leicht gemacht zu erraten, daß der Patient Russe war. Ich entließ ihn nach meiner Schätzung als geheilt wenige Wochen vor dem unerwarteten Ausbruch des Weltkrieges und sah ihn erst wieder, als die Wechselfälle des Krieges den Zentralmächten den Zugang nach Südrußland eröffnet hatten. Dann kam er nach Wien und berichtete von einem unmittelbar nach Beendigung der Kur aufgetretenen Bestreben, sich vom Einfluß des Arztes loszureißen. In einigen Monaten Arbeit wurde nun ein noch nicht überwundenes Stück der Übertragung bewältigt; seither hat Patient, dem der Krieg Heimat, Vermögen und alle Familienbeziehungen geraubt hatte, sich normal gefühlt und tadellos benommen. Vielleicht hat gerade sein Elend durch die Befriedigung seines Schuldgefühls zur Befestigung seiner Herstellung beigetragen.

Literatur

Altounian, J. (1989). Humour et exil dans l'écriture freudienne. *Revue française de psychanalyse, 53*(2),751–759.

Anzieu, D. (1990 [1975]). *Freuds Selbstanalyse und die Entdeckung der Psychoanalyse.* 2 Bde. Übers. v. E. Moldenhauer. München u. a.: Verlag Internationale Psychoanalyse.

Balmary, M. (1979). *L'homme aux statues.* Paris: Grasset.

Berman, A. (1984). *L'épreuve de l'étranger. Culture et traduction dans l'Allemagne romantique: Herder, Goethe, Schlegel, Novalis, Humboldt, Schleiermacher, Hölderlin.* Paris: Gallimard.

Bourguignon, A., Cotet, P., Laplanche, J. & Robert, F. (1989). *Traduire Freud.* Paris: Presses Universitaires de France.

Freud, S. (1895d [1893–95]). *Studien über Hysterie. GW I*, S. 75–312 [ohne Breuers Beiträge].

Freud, S. (1896c). Zur Ätiologie der Hysterie. *GW I*, S. 425–459.

Freud, S. (1899a). Über Deckerinnerungen. *GW I*, S. 531–554.

Freud, S. (1900a). *Die Traumdeutung. GW II/III.*

Freud, S. (1905d). *Drei Abhandlungen zur Sexualtheorie. GW V*, S. 27–145.

Freud, S. (1906a). Meine Ansichten über die Rolle der Sexualität in der Ätiologie der Neurosen. *GW V*, S. 147–159.

Freud, S. (1913i). Die Disposition zur Zwangsneurose. *GW VIII*, S. 442–452.

Freud, S. (1916–17a [1915–17]). *Vorlesungen zur Einführung in die Psychoanalyse. GW XI.*

Freud, S. (1918b [1914]). Aus der Geschichte einer infantilen Neurose. *GW XII*, S. 27–157.

Freud, S. (1923e). Die infantile Genitalorganisation. (Eine Einschaltung in die Sexualtheorie). *GW XIII*, S. 293–298.

Freud, S. (1925d [1924]). *Selbstdarstellung. GW XIV*, S. 31–96.

Freud, S. (1925h). Die Verneinung. *GW XIV*, S. 11–15.

Freud, S. (1930a). *Das Unbehagen in der Kultur. GW XIV*, S. 419–505.

Freud, S. (1933a). *Neue Folge der Vorlesung zur Einführung in die Psychoanalyse. GW XV.*

Freud, S. (1937d). Konstruktionen in der Analyse. *GW XVI*, S. 41–56.

Freud, S. (1939a [1934–38]). *Der Mann Moses und die monotheistische Religion. GW XVI*, S. 103–246.

Freud, S. (1950c [1895]). Entwurf einer Psychologie. *GW Nachtragsband*, S. 387–486.

Freud, S. (1954). *The Origins of Psycho-Analysis.* Hrsg. v. M. Bonaparte, A. Freud u. E. Kris. New York: Basic Books.

Freud, S. (1956). *La naissance de la psychanalyse. Lettres à Wilhelm Fliess, notes et plans (1887–1902).* Hrsg. v. M. Bonaparte. Übers. v. A. Berman. Paris: PUF.

Freud, S. (1974). *L'Homme aux rats. Journal d'une analyse.* Übers. v. E. R. Hawelka u. P. Hawelka. Paris: PUF.

Freud, S. (1985a [1915]). Übersicht der Übertragungsneurosen. *GW Nachtragsband,* S. 634–651.

Freud (1985b). *The Complete Letters of Sigmund Freud to Wilhelm Fliess: 1887–1904.* Übers. u. hrsg. v. J. Masson. Cambridge, MA: Harvard University Press. [Dt. Orig.: 1986].

Freud, S. (1986 [1985b]). *Briefe an Wilhelm Fließ 1887–1904.* Ungekürzte Ausgabe. Hrsg. v. J. M. Masson, Bearbeitung der dt. Fassung v. M. Schröter, Transkription v. G. Fichtner. Frankfurt a. M.: Fischer. [Engl.: 1985b; frz.: 2006].

Freud, S. (2006 [1985b]). *Lettres à Wilhelm Fließ: 1887–1904.* Hrsg. v. J. M. Masson. Aus d. Dt. übers. von F. Kahn u. F. Robert. Paris: PUF. [Dt. Orig.: 1986].

Gardiner, M. (1982 [1972]). *Der Wolfsmann: Sigmund Freuds berühmtester Fall. Erinnerungen, Berichte, Diagnosen.* Frankfurt a. M.: Fischer. [Engl. Orig.: 1971; frz. Übers.: 1981].

Granoff, V. (1975). *Filiations.* Paris: Minuit.

Isaacs, S. (2016). Wesen und Funktion der Phantasie (Aus dem Archiv der Psychoanalyse). *Psyche, 70*(6), 530–582. [Engl. Orig.: 1948; frz. Übers.: 1966].

Kraus, K. (1972 [1897]). *Die demolirte Literatur.* Mit einem Nachw. hrsg. v. D. Kimpel. Steinbach: Anabas-Verlag.

Kris, E. (1950). Einleitung und Anmerkungen. In S. Freud, *Aus den Anfängen der Psychoanalyse. Briefe an Wilhelm Fliess, Abhandlungen und Notizen aus den Jahren 1887–1902.* Hrsg. v. M. Bonaparte, A. Freud u. E. Kris. London: Imago Publishing.

Lacan, J. (2016 [1949]). Die logische Zeit und die vorweggenommene Gewissheitsbehauptung. In ders., *Schriften I* (S. 231–251). Vollständiger Text, aus d. Frz. v. H.-D. Gondek. Wien u. Berlin: Turia + Kant.

Lacan, J. (2016 [1953]). Funktion und Feld des Sprechens und der Sprache in der Psychoanalyse. In ders., *Schriften* I (S. 278–381). Vollständiger Text, a. d. Frz. v. H.-D. Gondek. Wien u. Berlin: Turia + Kant.

Lanouzière, J. (1991). *Histoire secrète de la séduction sous le règne de Freud.* Paris: PUF.

Laplanche, J. (1980b). *Problématiques II: Castration – symbolisations.* Paris: Presses Universitaires de France.

Laplanche, J. (2005 [1992]). *Die unvollendete kopernikanische Revolution in der Psychoanalyse. Arbeiten von 1967 bis 1992.* Übers. v. U. Hock. Gießen: Psychosozial-Verlag.

Laplanche, J. (2014 [1970]). *Leben und Tod in der Psychoanalyse.* Übers. v. P. Stehlin, neu bearb. v. J.-D. Sauvant. Gießen: Psychosozial-Verlag.

Laplanche, J. (2017a [2007]). *Sexual. Eine im Freud'schen Sinne erweiterte Sexualtheorie.* Übers. v. U. Hock u. a. Gießen: Psychosozial-Verlag.

Laplanche, J. (2017b [2006]). *Après-coup,* followed by *Time and the Other* and *Temporality and Translation.* Übers. v. J. House u. L. Thurston. New York: The Unconscious in Translation.

Laplanche, J. & Pontalis, J.-B. (1972 [1967]). *Das Vokabular der Psychoanalyse.* Übers. v. E. Moersch. Frankfurt a. M.: Suhrkamp.

Laplanche, J. & Pontalis, J.-B. (1992 [1964]). *Urphantasie. Phantasien über den Ursprung, Ursprünge der Phantasie.* Frankfurt a. M.: Fischer.

Mahony, P. (1984). *Cries of the wolf man.* New York: International UP.

Meyer, C.F. (1959 [1882]). Gustav Adolfs Page. In *Sämtliche Werke. Bd. 11: Novellen* (S. 165–214) Histor.-krit. Ausgabe, besorgt v.H.Zeller. Bern: Benteli. [Frz: 1989, *L'Amulette suivi de Le Page de Gustave-Adolphe.* Lausanne: L'age d'Homme].

Obholzer, K. (1980). *Gespräche mit dem Wolfsmann: Eine Psychoanalyse und die Folgen.* Reinbek bei Hamburg: Rowohlt. [Frz.: 1981, Übersetzung m.e. Vorwort v.M. Schneider].

Psychosozial-Verlag

Jean Laplanche

Ein biologistischer Irrweg in Freuds Sexualtheorie

2021 · 135 Seiten · Broschur
ISBN 978-3-8379-3014-6

»Problématiques« nannte Jean Laplanche seine Vorlesungen zu jeweils einer grundlegenden Problemstellung der Psychoanalyse. Im siebten und abschließenden Vorlesungszyklus aus den Jahren 1991/92 folgt er der Frage nach dem Ursprung der infantilen Sexualität und dekonstruiert dabei Freuds Theorie, wie sie insbesondere in den *Drei Abhandlungen zur Sexualtheorie* entwickelt wird.

Laplanche kritisiert Freuds zentralen Begriff der Anlehnung als eine biologistische Verirrung, in der sexuelle Triebe fälschlich endogen aus den Selbsterhaltungsinstinkten des Säuglings abgeleitet würden. In seinem eigenen exogenen Ansatz ist es dagegen der erwachsene »Andere«, der durch seine rätselhaften Botschaften die Geburt der infantilen Sexualität in Gang setzt.

Mit diesem Band liegt die Vorlesung erstmals auf Deutsch vor. Er wird abgerundet durch einen Vortrag von 1997, in dem Laplanche die Unterscheidung zwischen Biologismus und Biologie einführt.

Walltorstr. 10 · 35390 Gießen · Tel. 0641-969978-18 · Fax 0641-969978-19
bestellung@psychosozial-verlag.de · www.psychosozial-verlag.de

Psychosozial-Verlag

Jean Laplanche

Sexual

Eine im Freud'schen Sinne erweiterte Sexualtheorie

2017 · 277 Seiten · Broschur
ISBN 978-3-8379-2301-8

Jean Laplanche gehört zu den renommiertesten und einflussreichsten französischen Psychoanalytikern. Mit seiner Allgemeinen Verführungstheorie, die er in seinen Vorlesungen an der Université Paris VII zwischen 1970 und 1993 entwickelte, legte er den womöglich letzten großen Entwurf vor, um der Psychoanalyse ein gemeinsames Fundament zu schaffen.

Jean Laplanche setzte sich Zeit seines Lebens für eine Erneuerung und Weiterentwicklung der Freud'schen Psychoanalyse ein. Dabei stellte er den Freud'schen Begriff einer »erweiterten« Sexualität ins Zentrum seiner Theoriebildung. Der französische Neologismus »sexual« soll genau diese Freud'sche Erweiterung sichtbar machen und betonen, dass das Unbewusste von der Sexualität nicht zu trennen ist.

Das vorliegende Buch versammelt in chronologischer Abfolge die Aufsätze, die Laplanche in seiner letzten intellektuellen Schaffensperiode zwischen 2000 und 2006 verfasst hat. In diesen Texten geht Laplanche von seiner Allgemeinen Verführungstheorie aus, die er bis zu seinem Lebensende weiterentwickelt hat, und beleuchtet damit so unterschiedliche Fragestellungen wie etwa das Verhältnis von Trieb und Instinkt, das psychoanalytische Verständnis des Sexualverbrechens, die Gendertheorie oder die Stellung der Psychoanalyse an der Universität.

Walltorstr. 10 · 35390 Gießen · Tel. 0641-969978-18 · Fax 0641-969978-19
bestellung@psychosozial-verlag.de · www.psychosozial-verlag.de

Psychosozial-Verlag

Jean Laplanche

Leben und Tod in der Psychoanalyse

2014 · 185 Seiten · Broschur
ISBN 978-3-8379-2248-6

Eine Einladung zu einem neuen Blick auf grundlegende Texte Freuds, die Lust auf eigenständiges Denken macht!

Leben und Tod in der Psychoanalyse ist ein Klassiker der psychoanalytischen Literatur, der bisher im deutschsprachigen Raum noch wenig beachtet worden ist. Jean Laplanche behandelt darin auf seine methodisch und inhaltlich unverwechselbare Weise die großen Grundfragen der Psychoanalyse: Wie sexuell ist das Unbewusste bzw. welchen Begriff von Sexualität hat die Psychoanalyse überhaupt? Wie ist das Ich in seinem Verhältnis zum Narzissmus zu bestimmen? Wie lassen sich Aggression und Sadomasochismus unterscheiden und welchen Stellenwert soll dem Todestrieb eingeräumt werden?

Auch Jahrzehnte nach seiner Erstveröffentlichung hat der vorliegende Text nichts von seiner Originalität eingebüßt: Viele Themenkomplexe, die Laplanche ausarbeitet, so die Nachträglichkeit und das zweizeitige Trauma oder die Unterscheidung von Trieb und Instinkt, haben im Laufe der Zeit ungeahnte Aktualität entwickelt.

Walltorstr. 10 · 35390 Gießen · Tel. 0641-969978-18 · Fax 0641-969978-19
bestellung@psychosozial-verlag.de · www.psychosozial-verlag.de